Huevos de Pascua para niños
Dibujo para colorear conejito de pascua

Young Scholar

Young Scholar
An imprint of Ciparum LLC

Huevos de Pascua para niños
Dibujo para colorear conejito de pascua
© 2017 Ciparum LLC
All rights reserved.
ISBN-10:1-63589-262-7
ISBN-13:978-1-63589-262-8

www.youngscholar.co

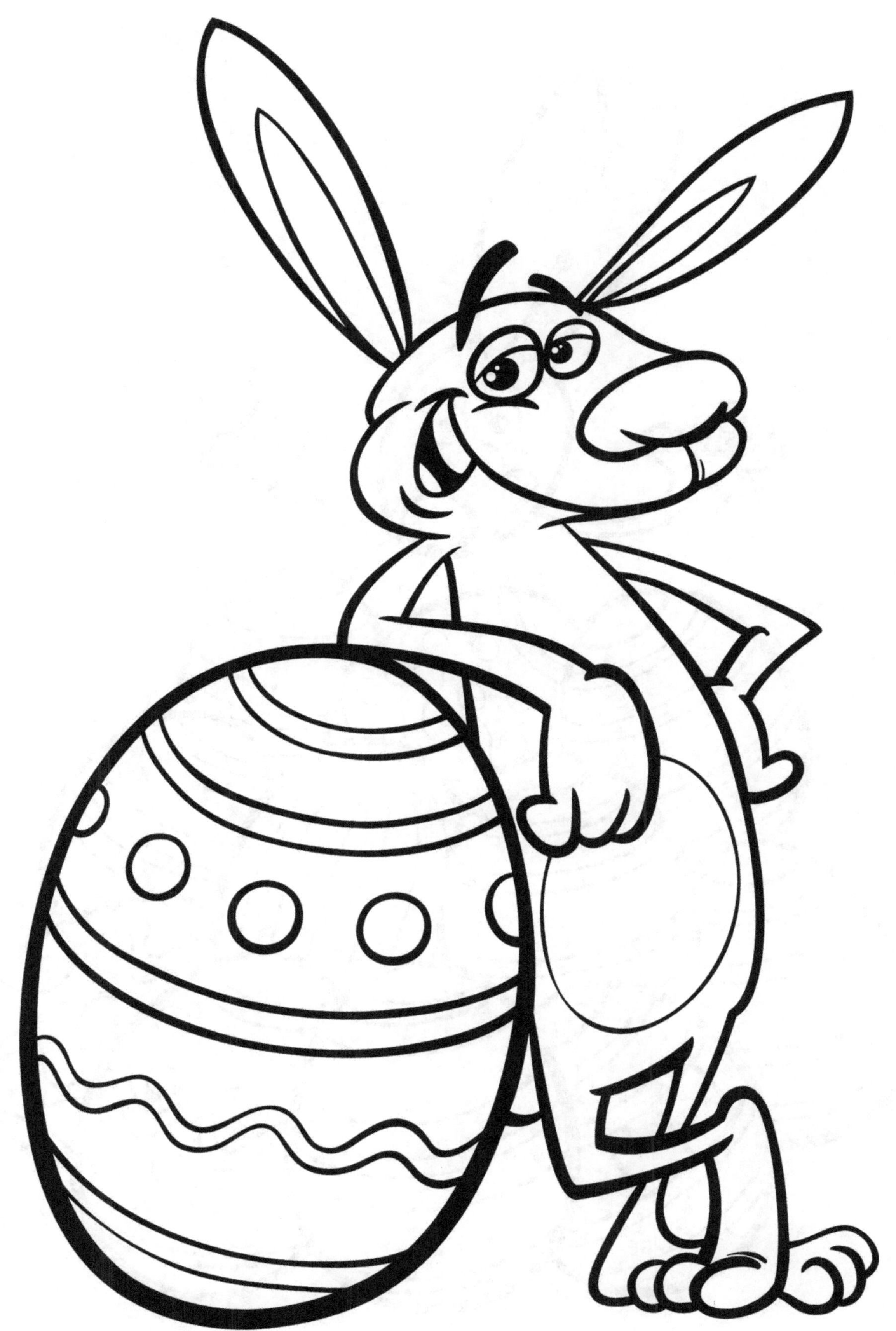

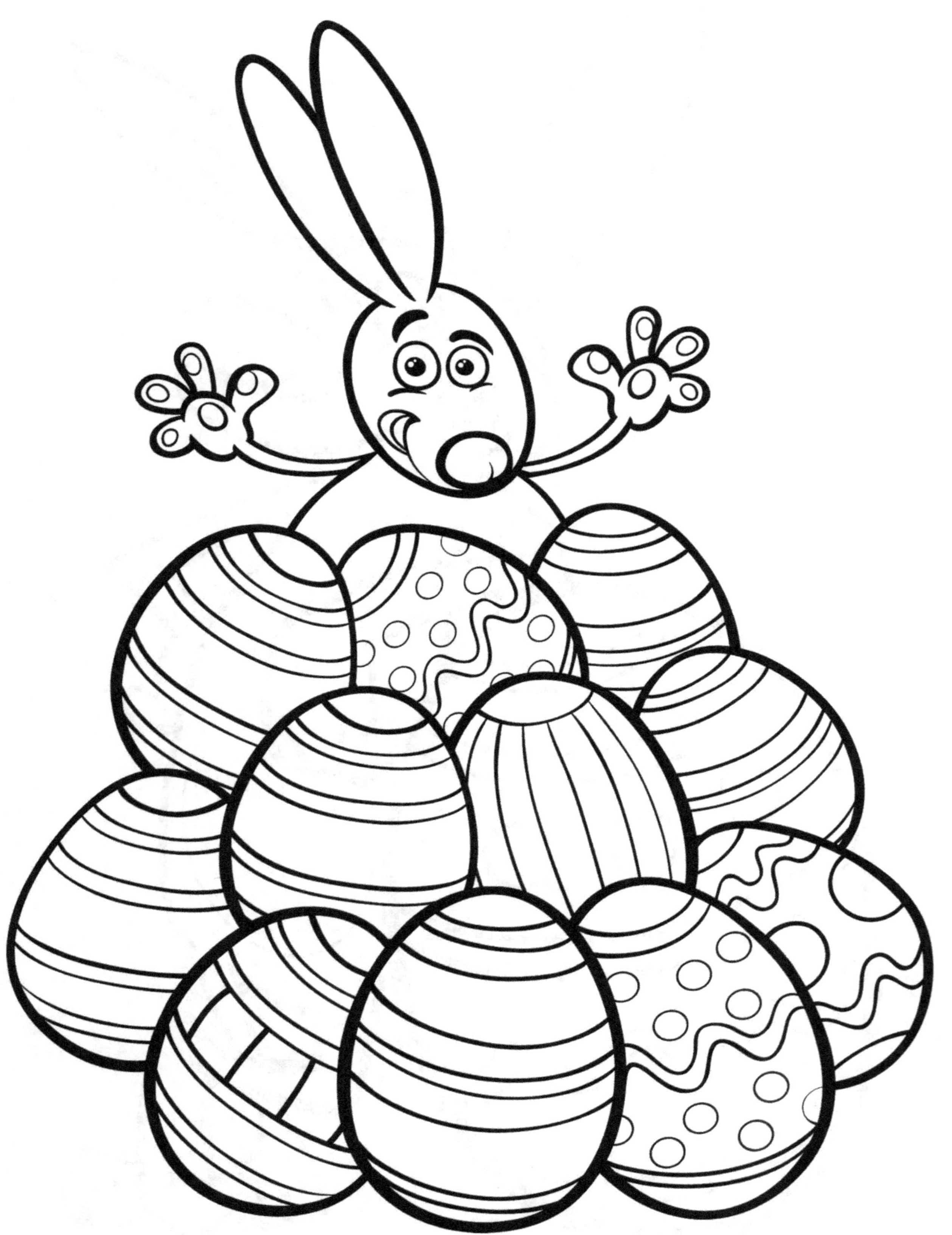

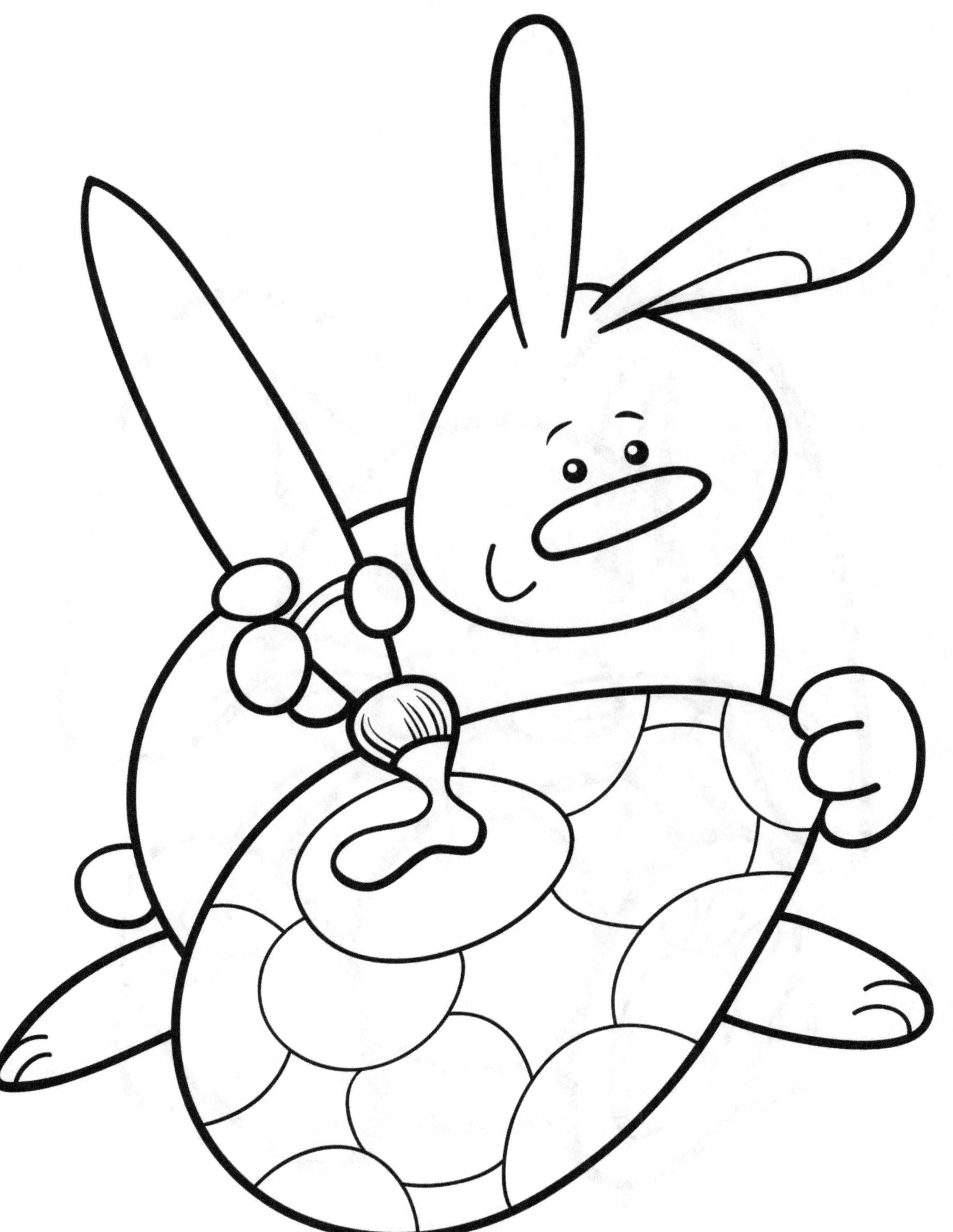

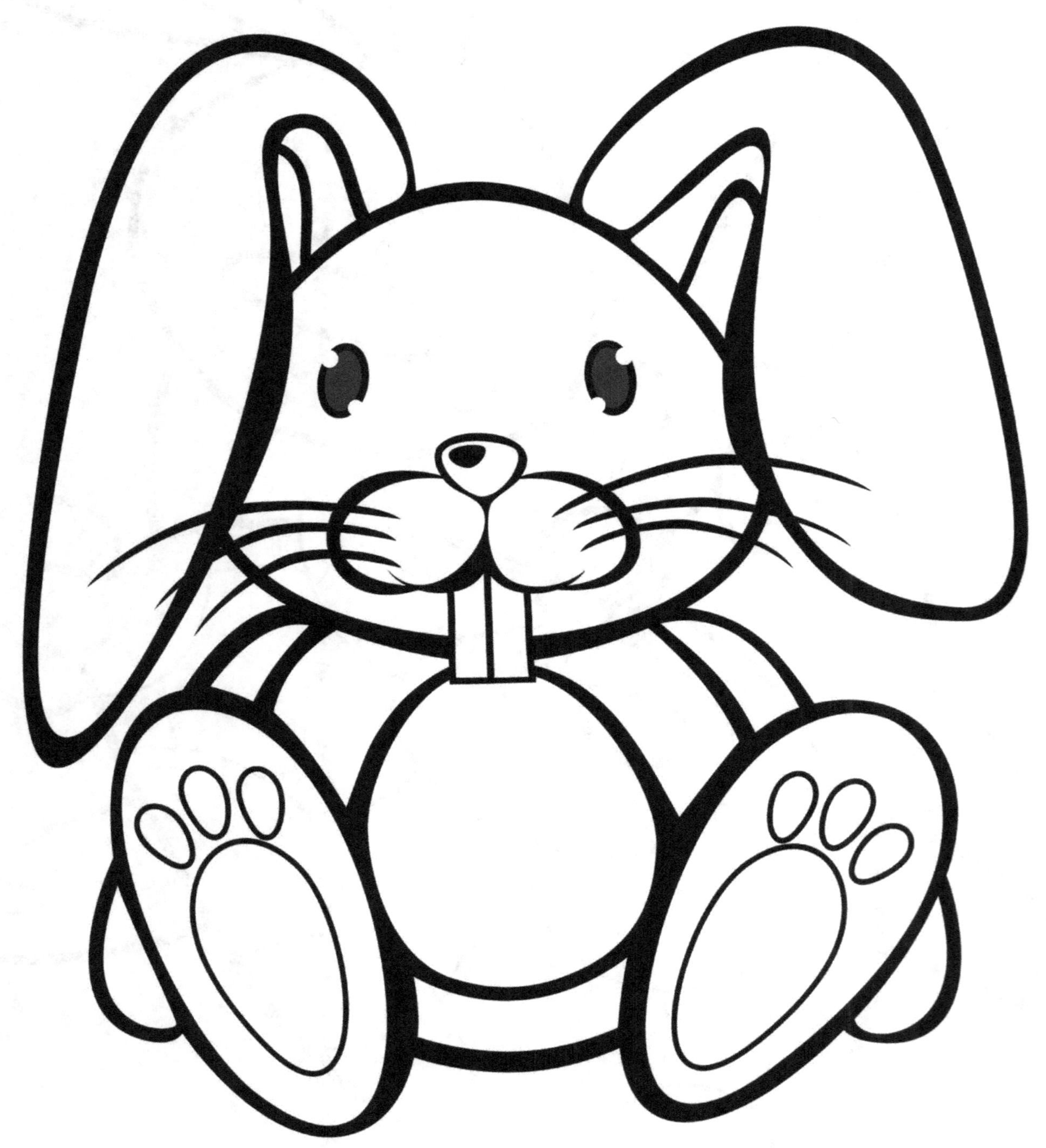

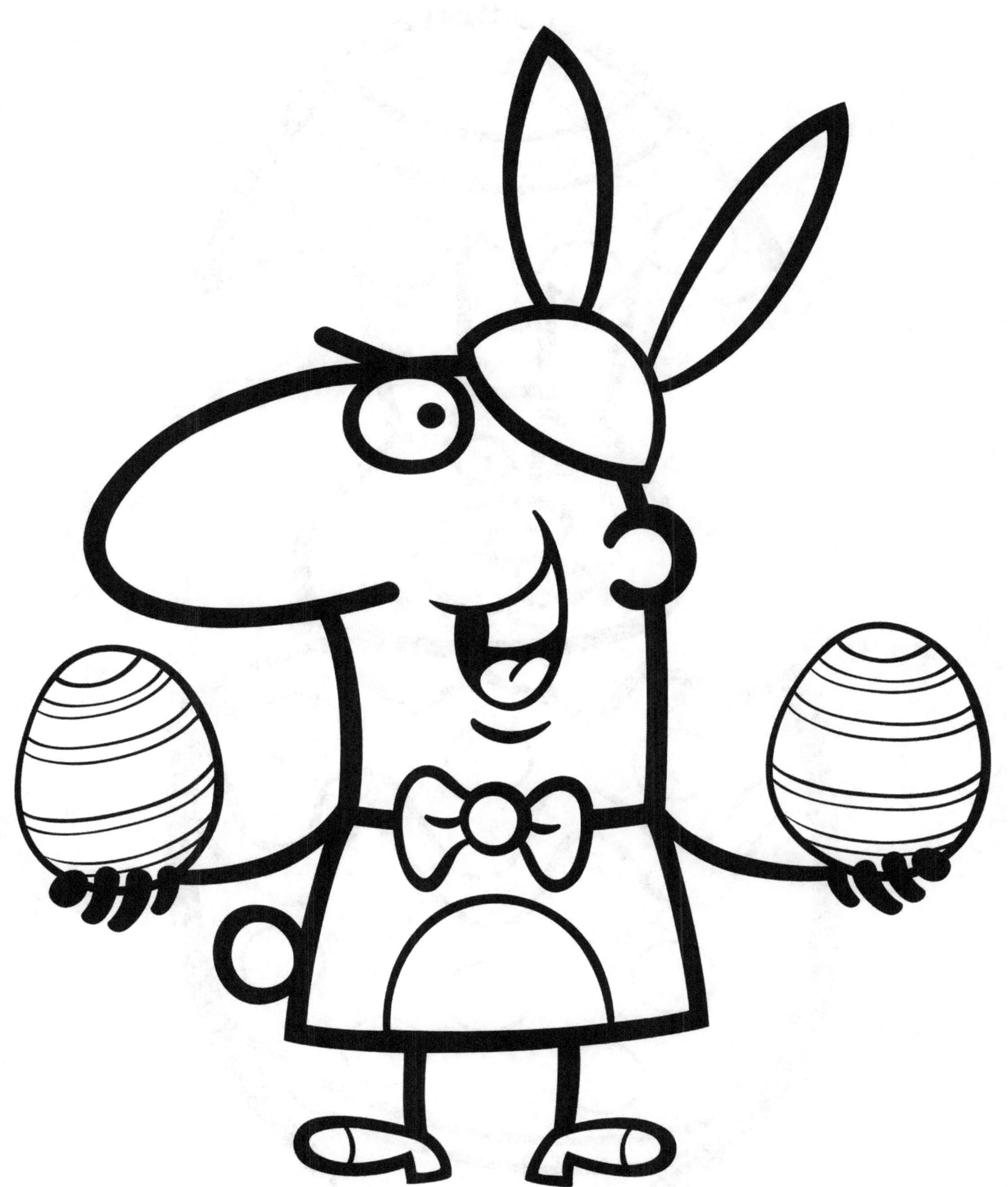

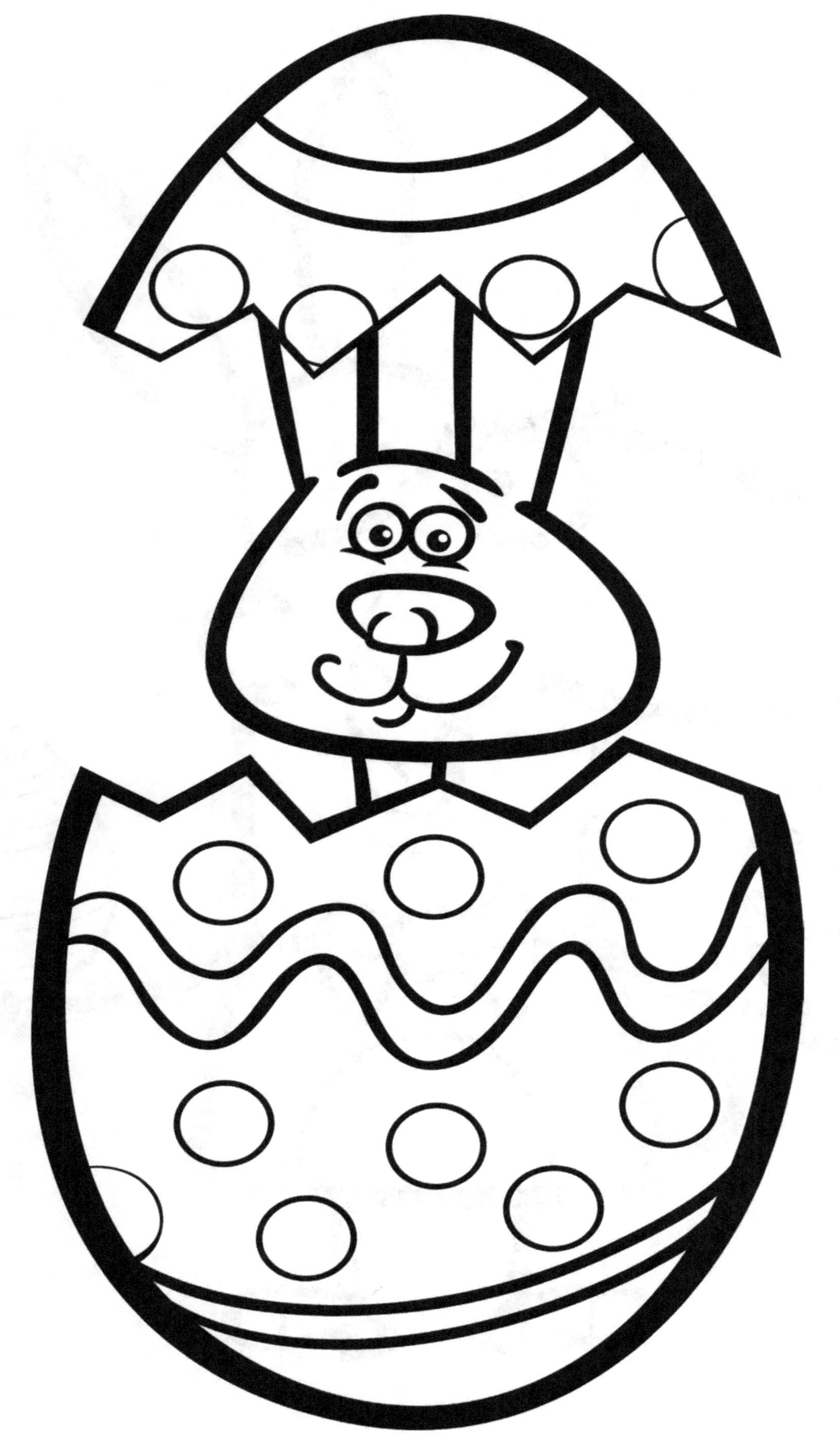

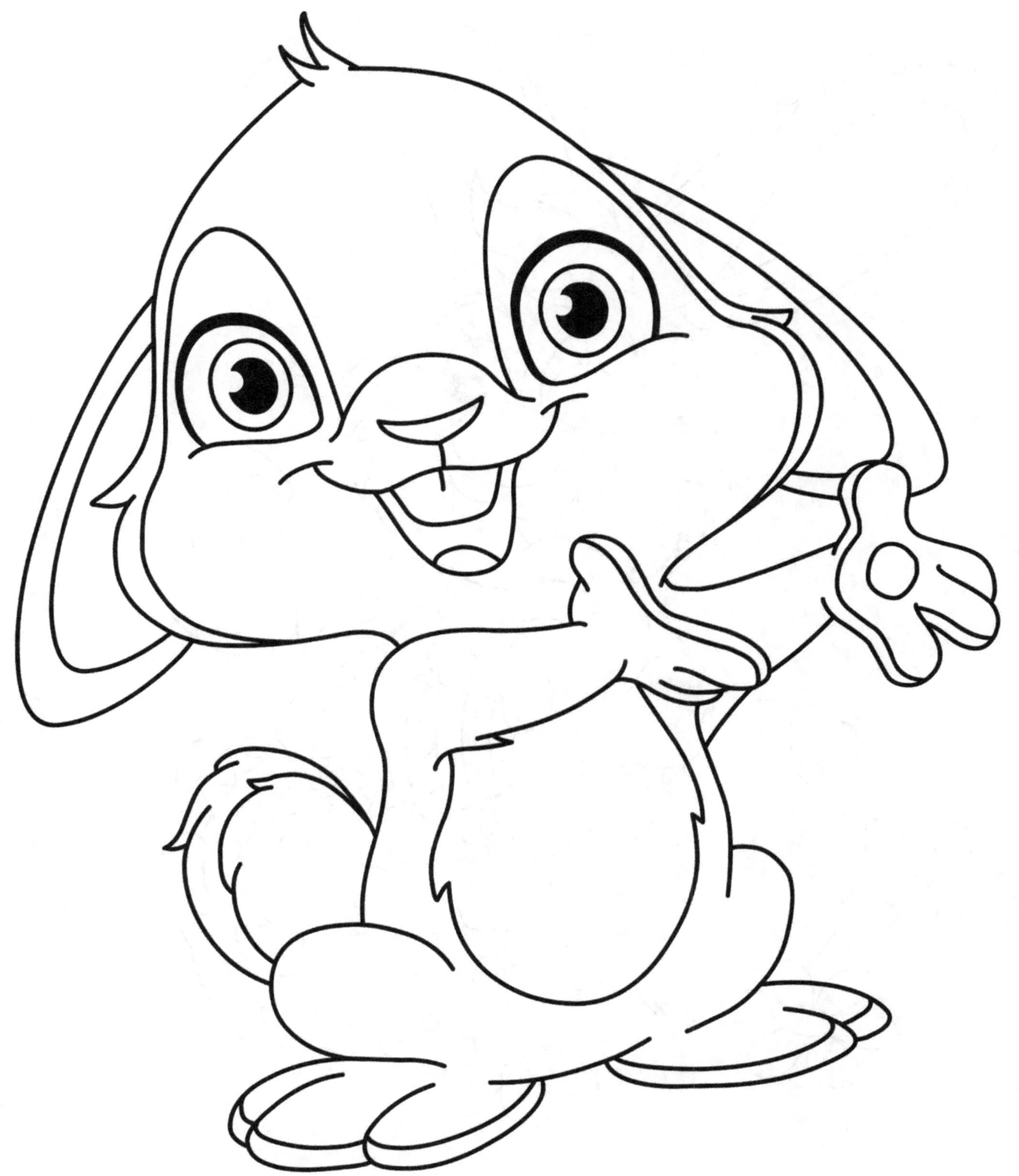

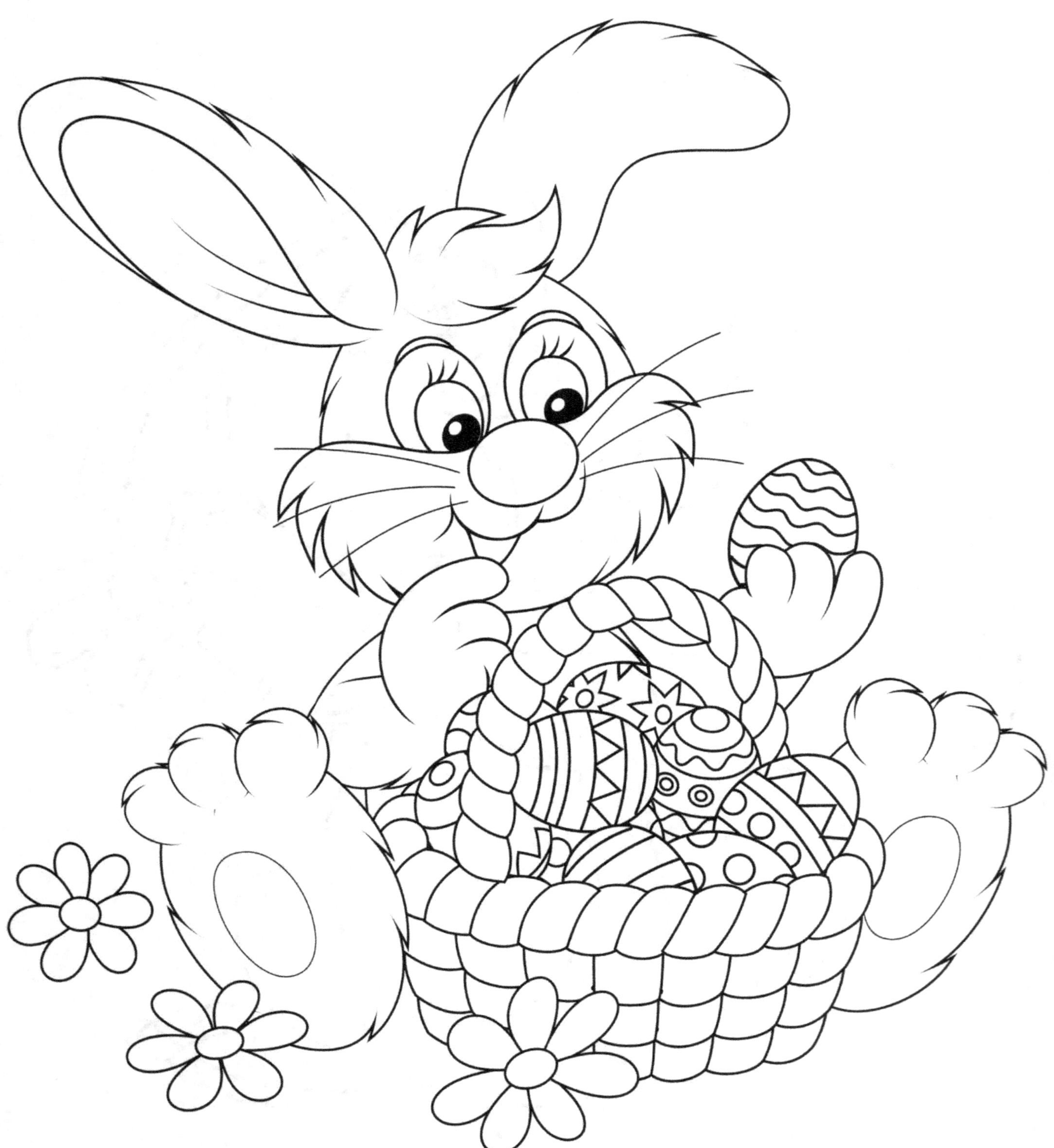

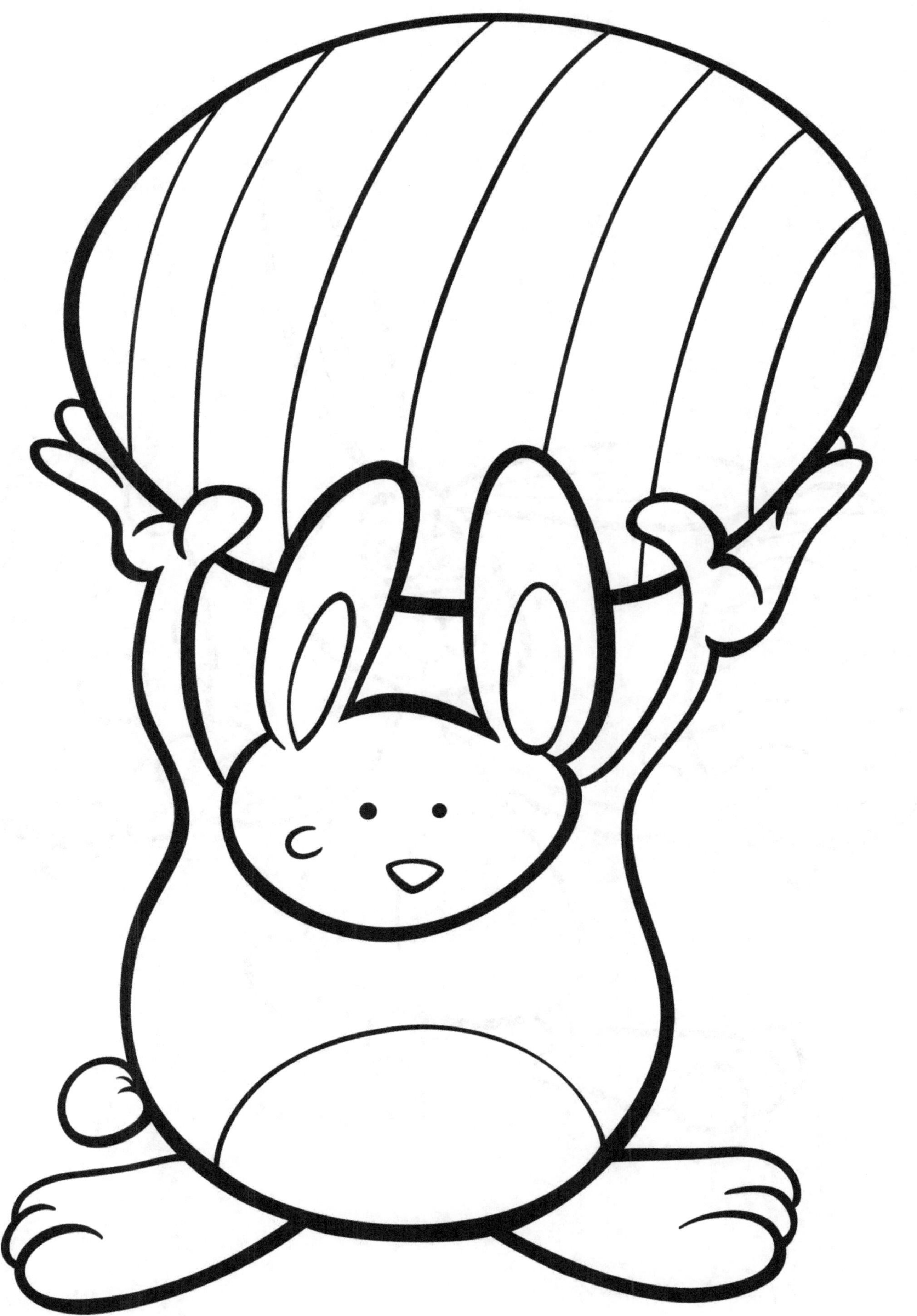

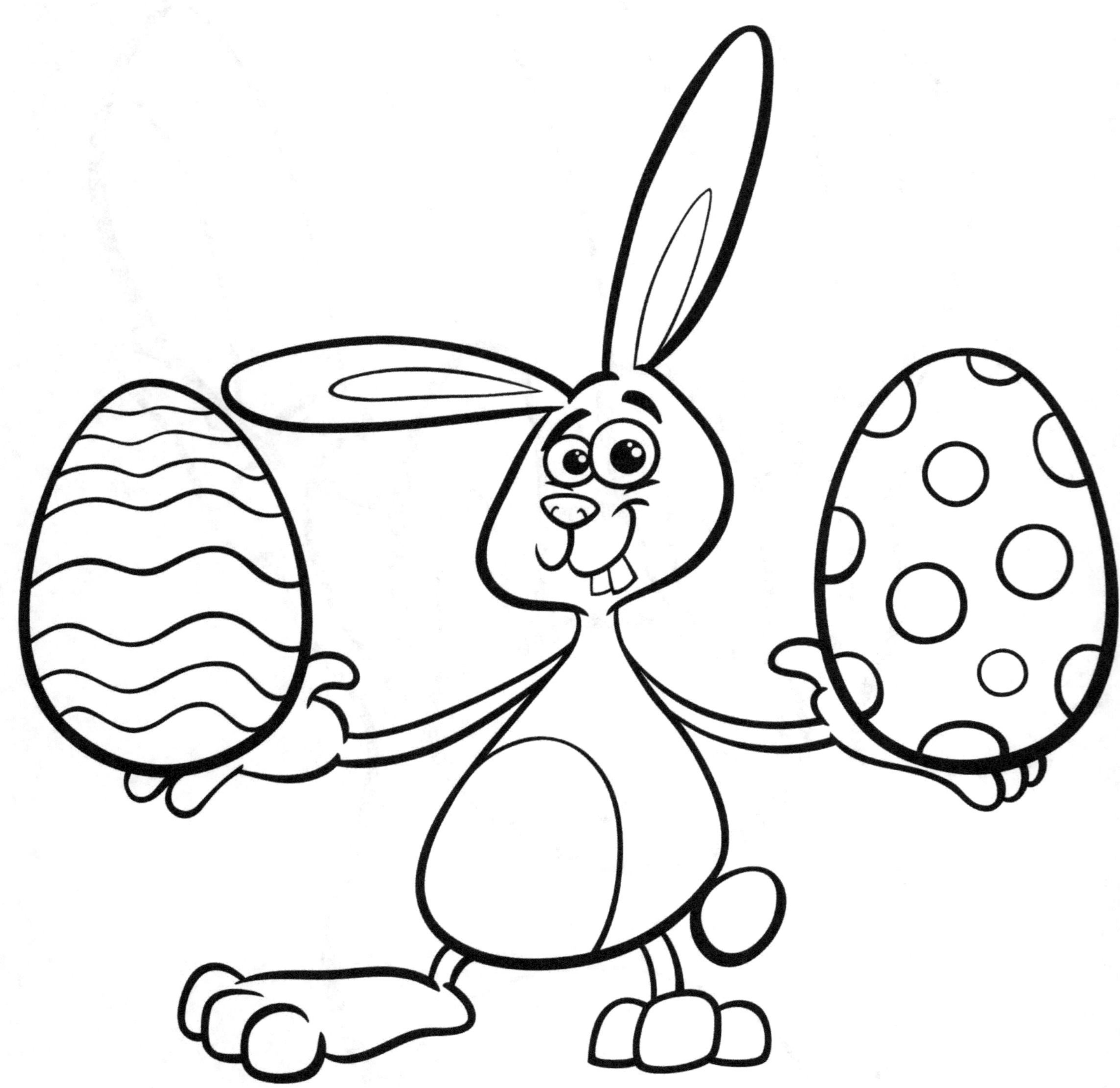

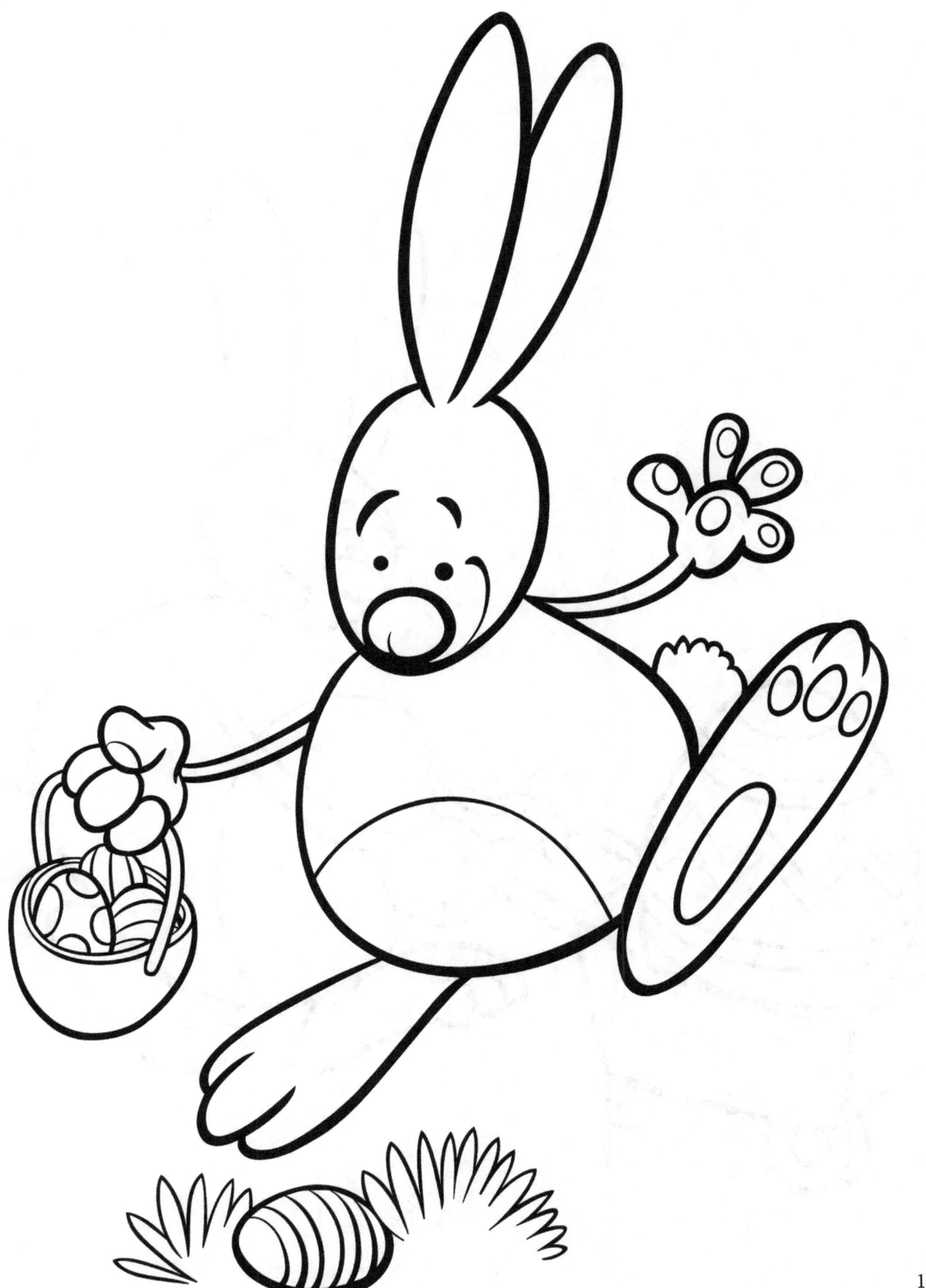

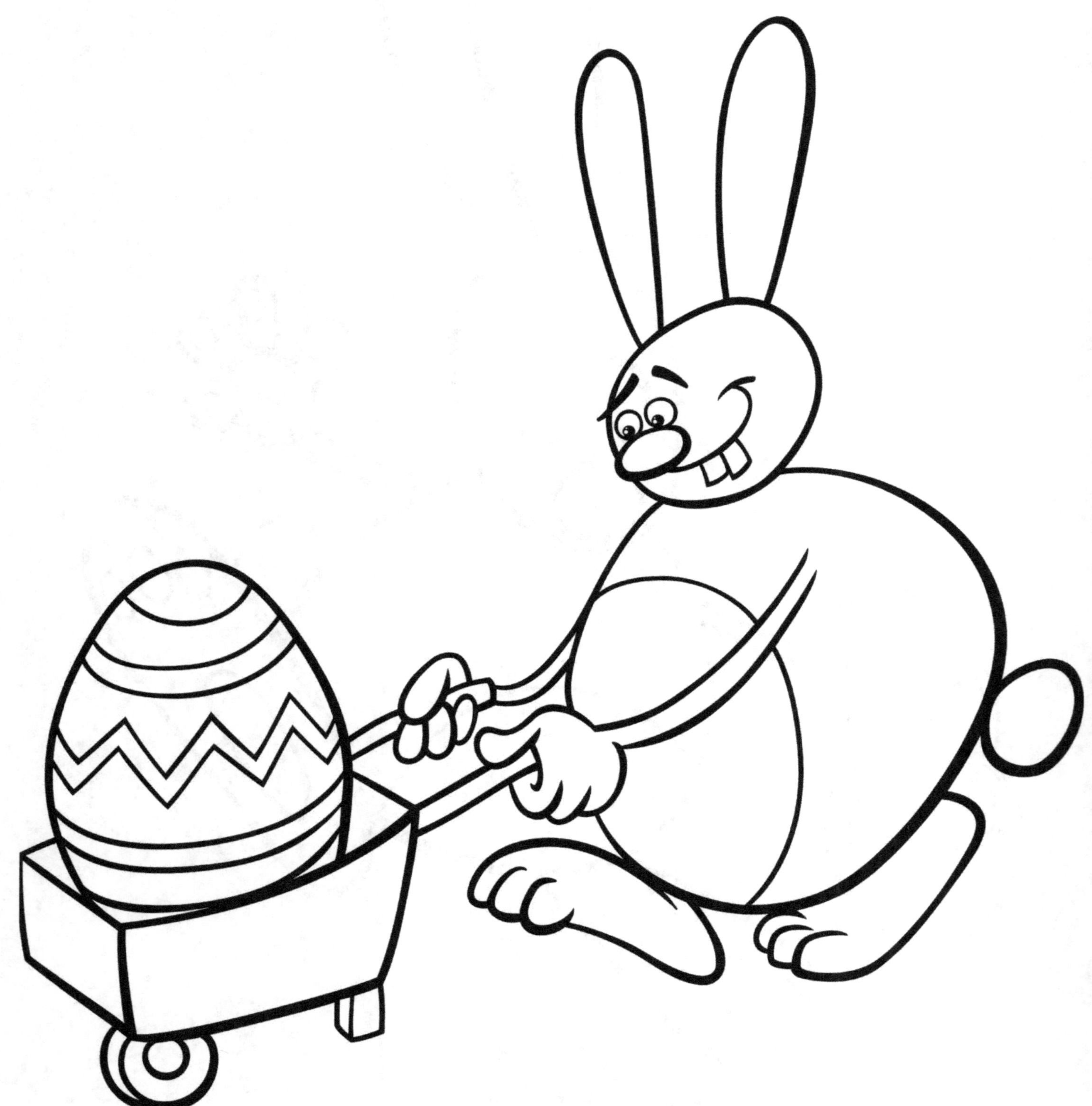

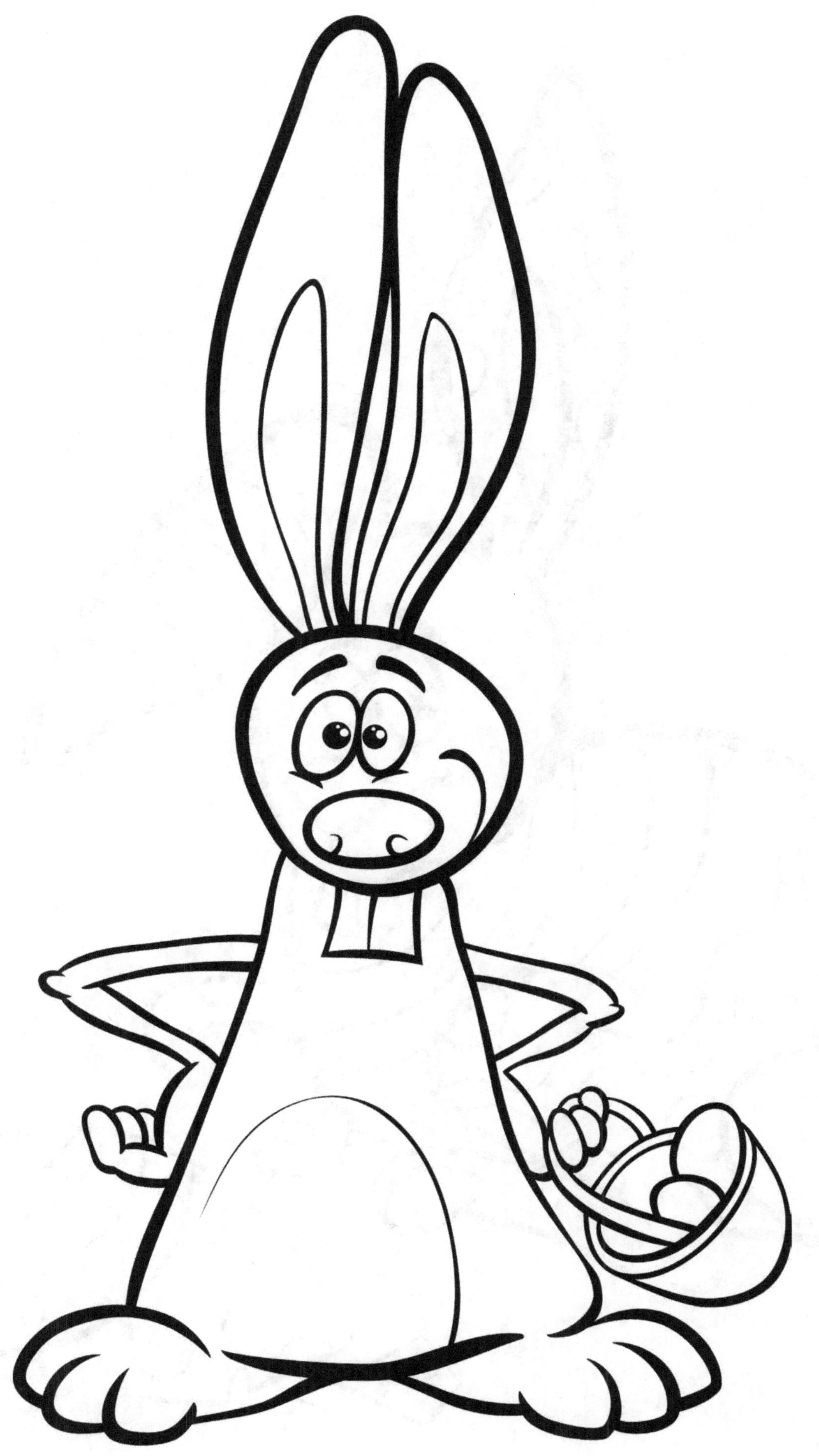

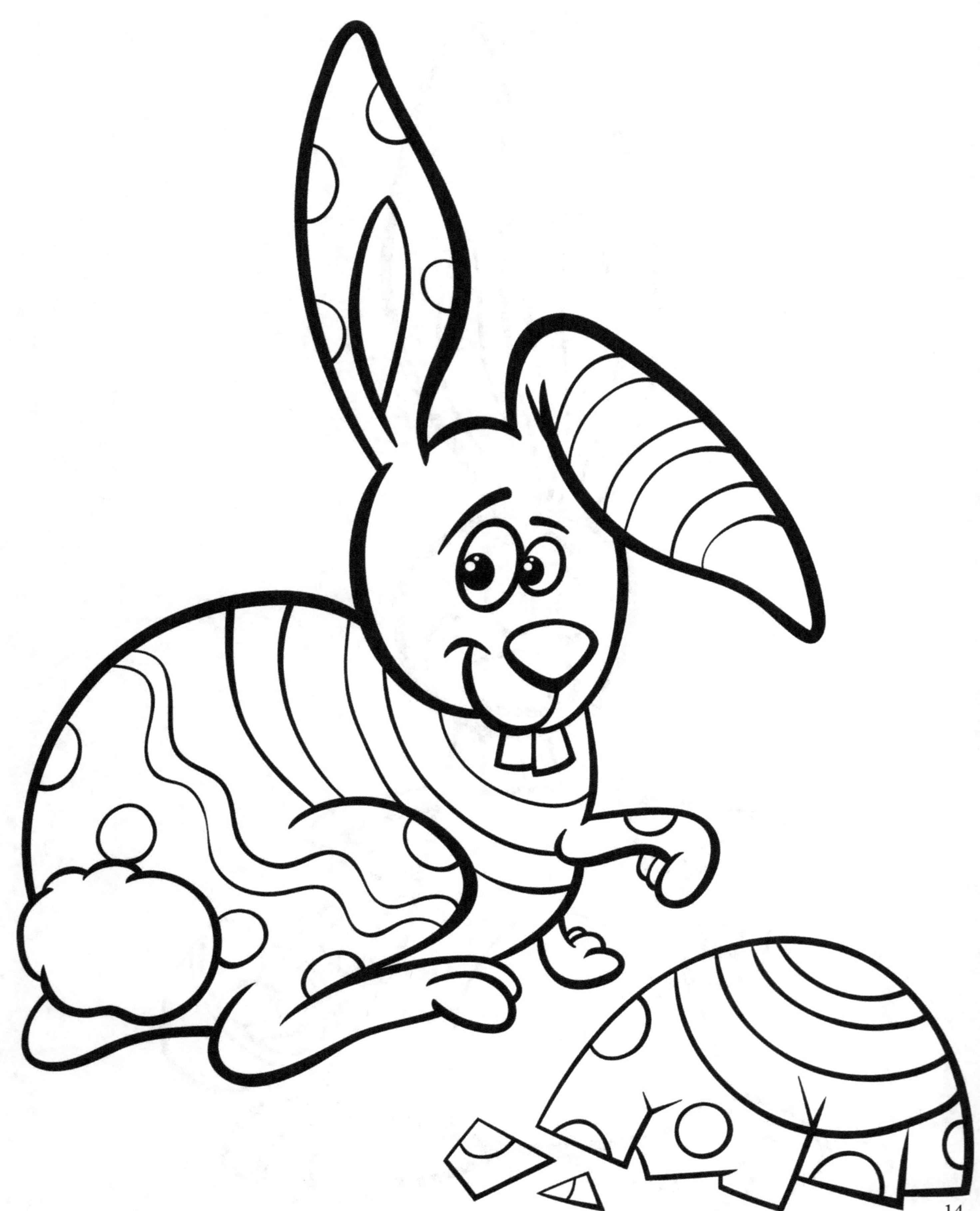

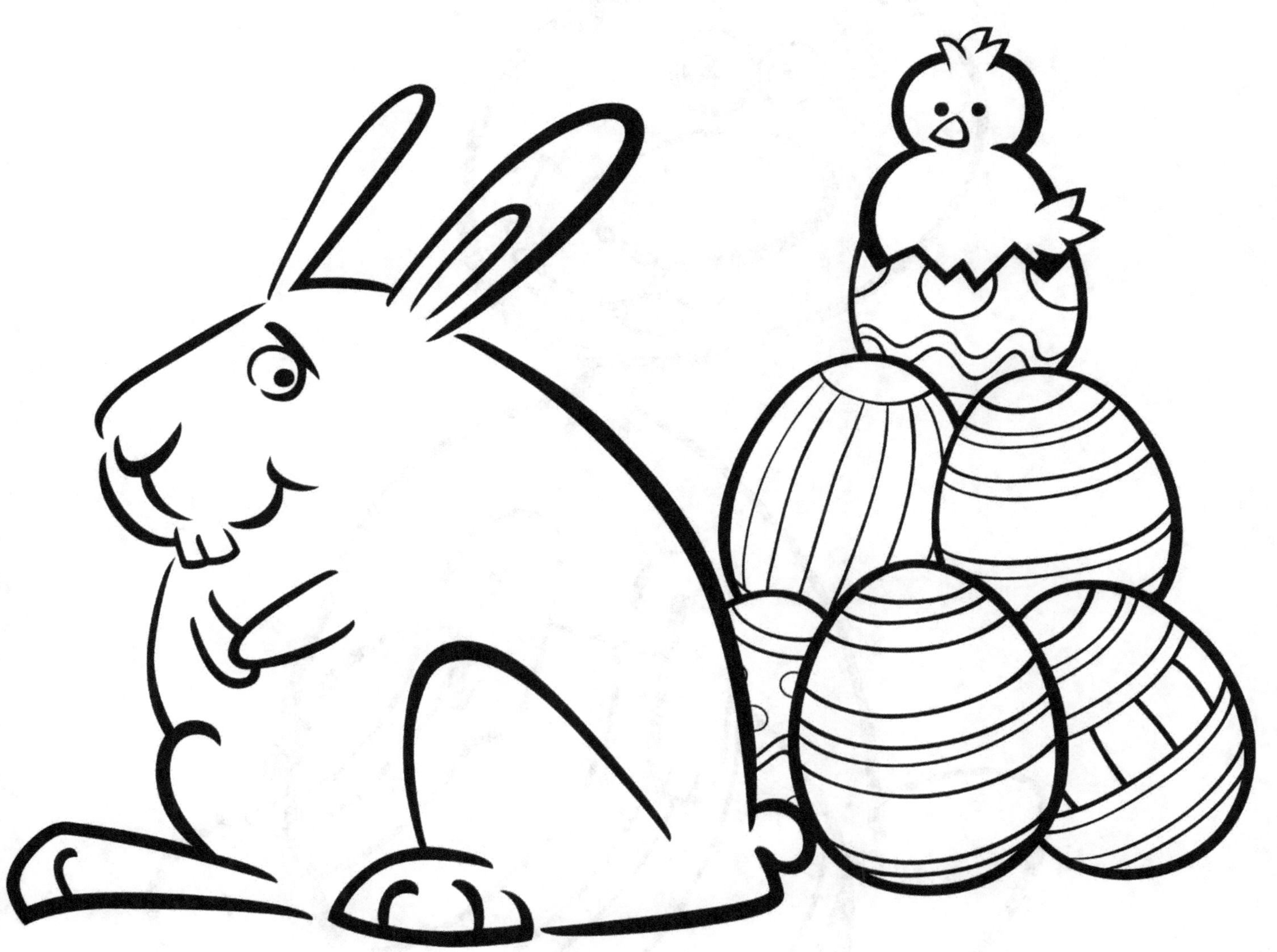

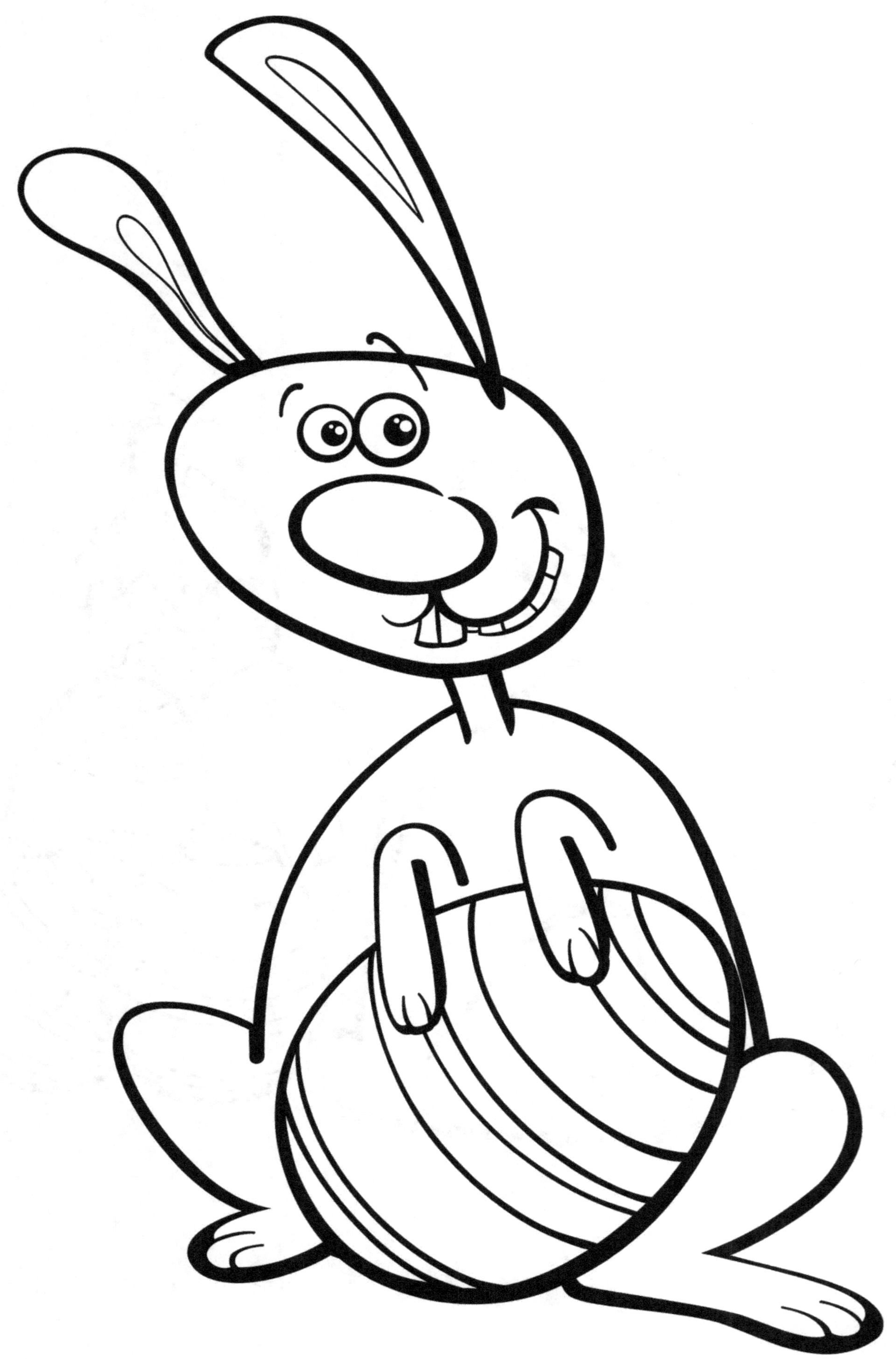

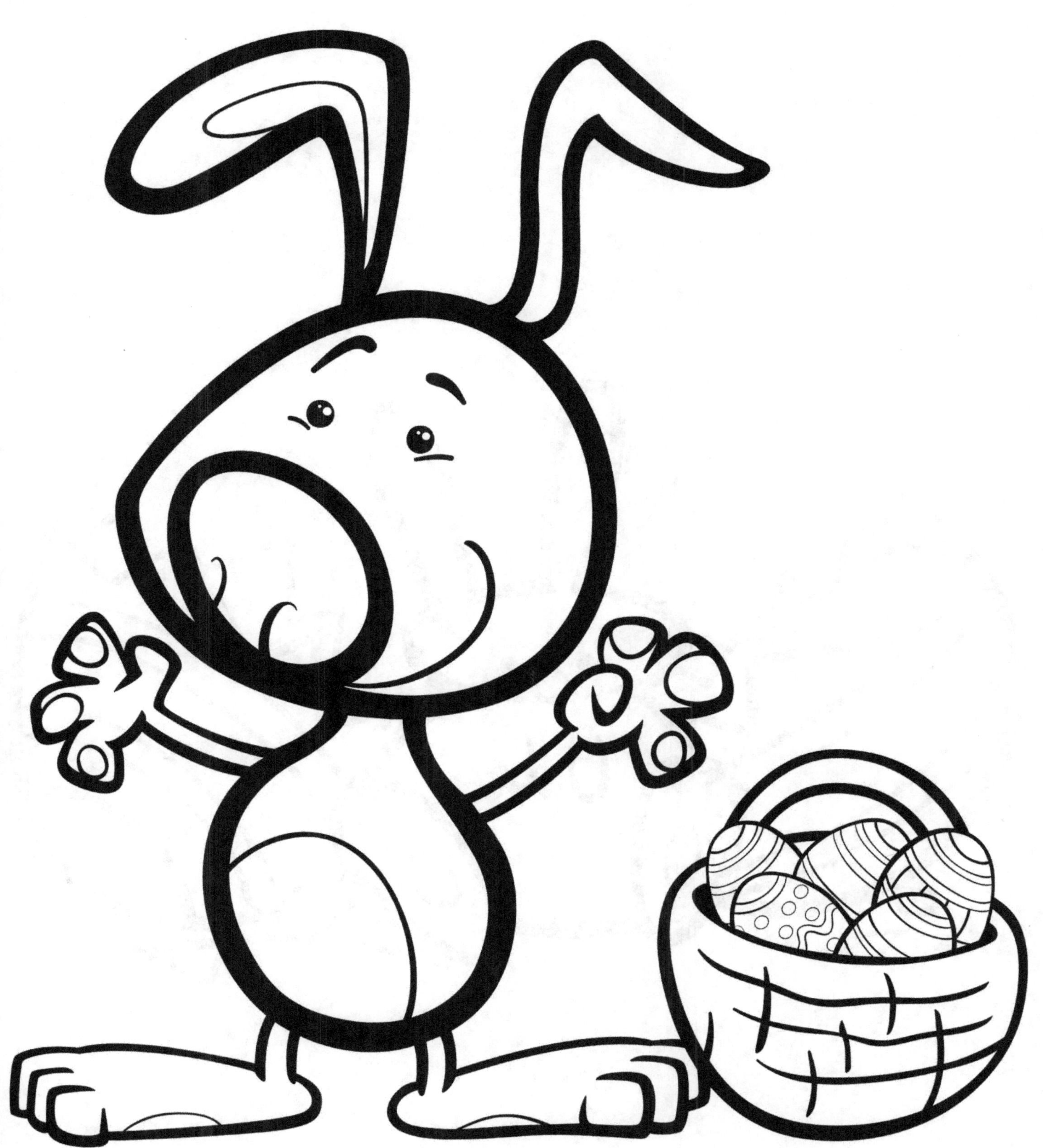

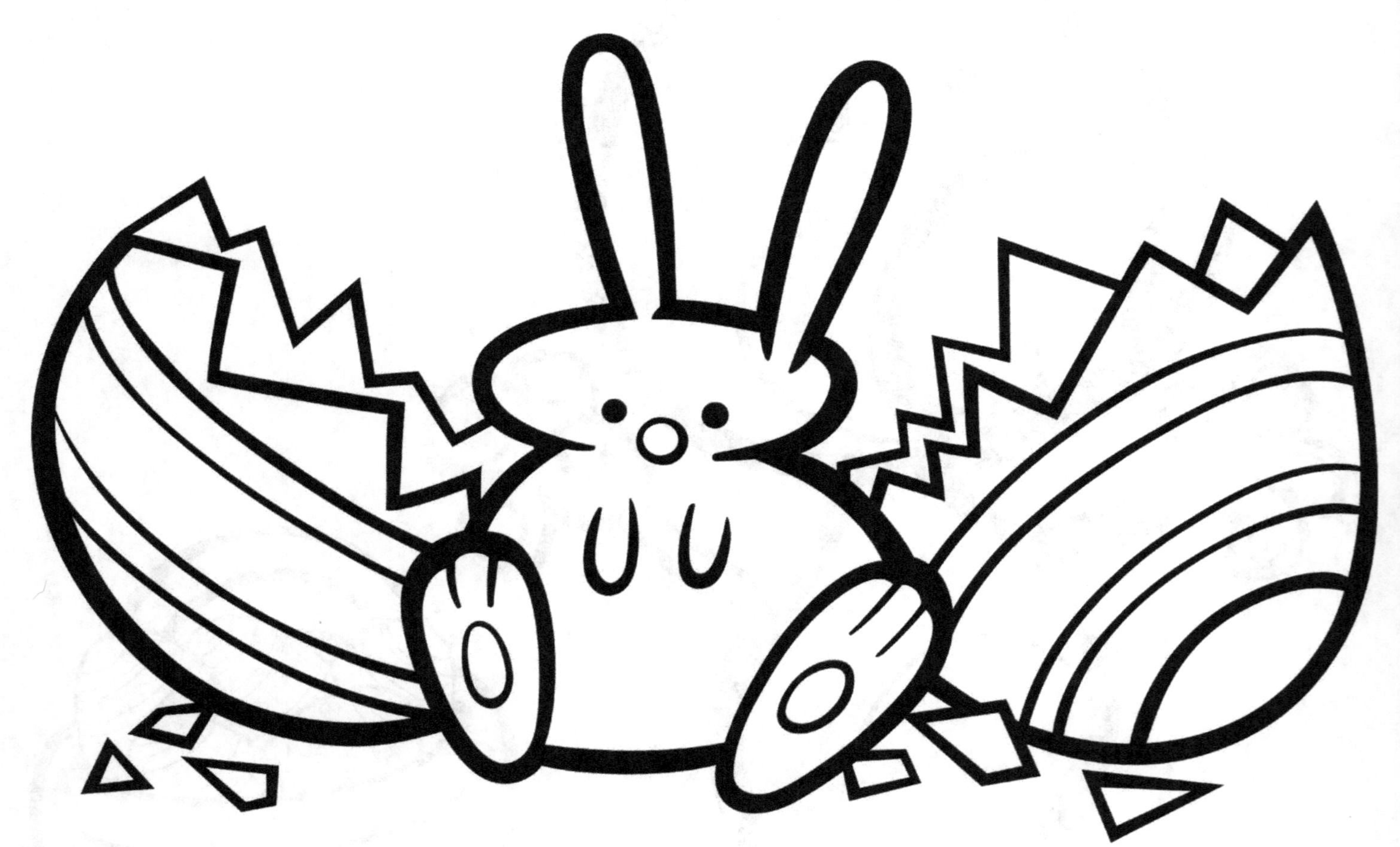

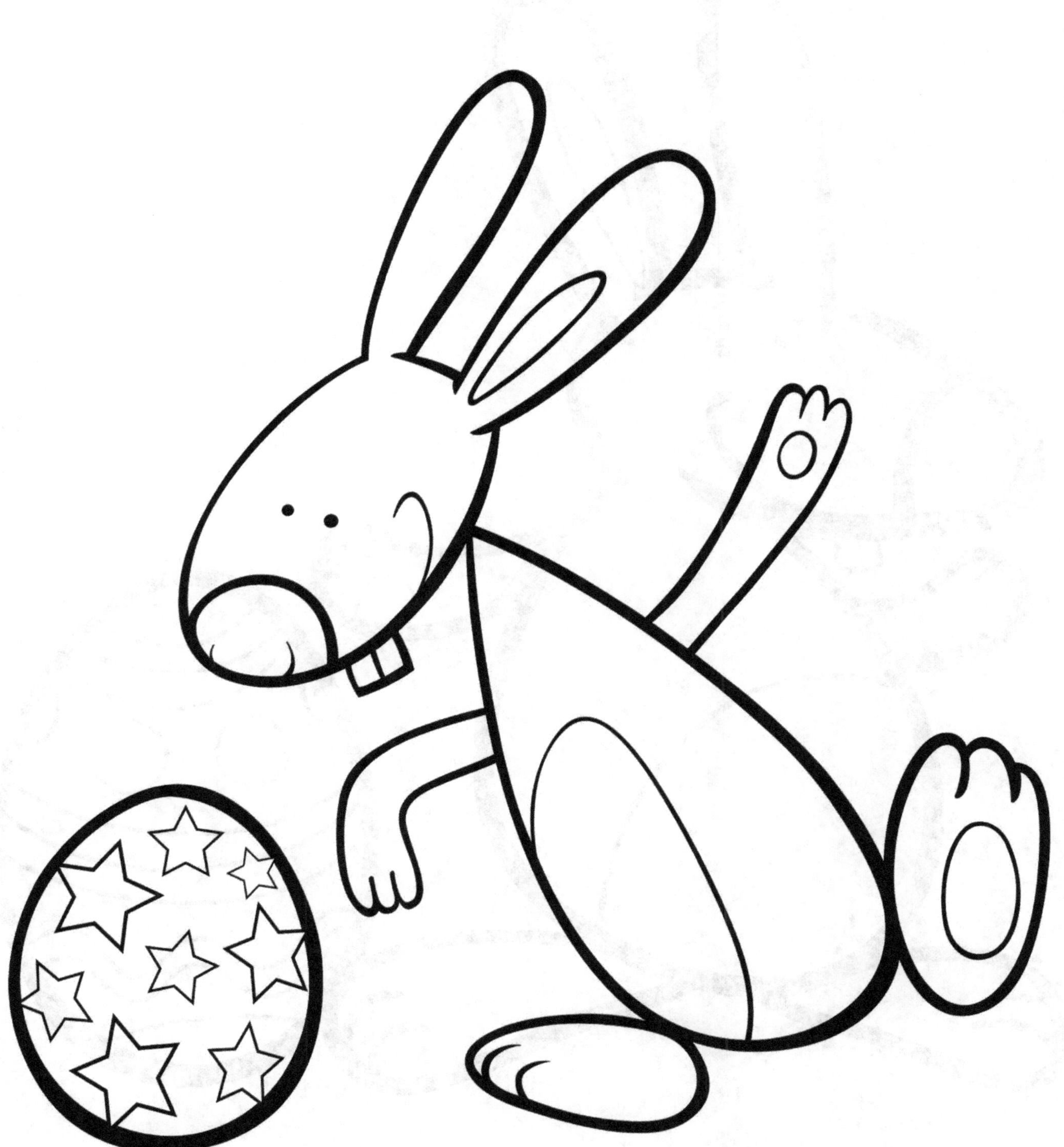

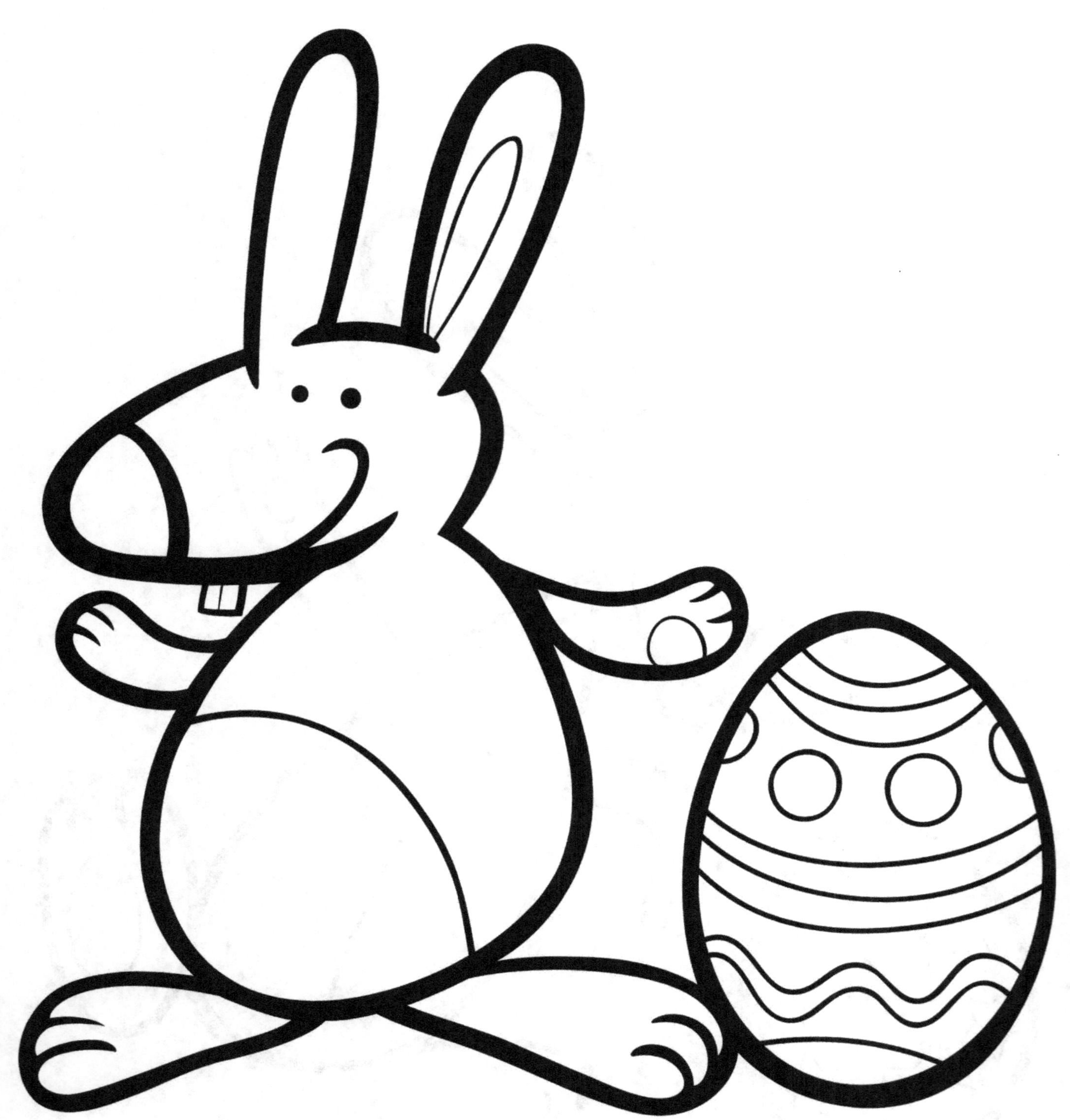

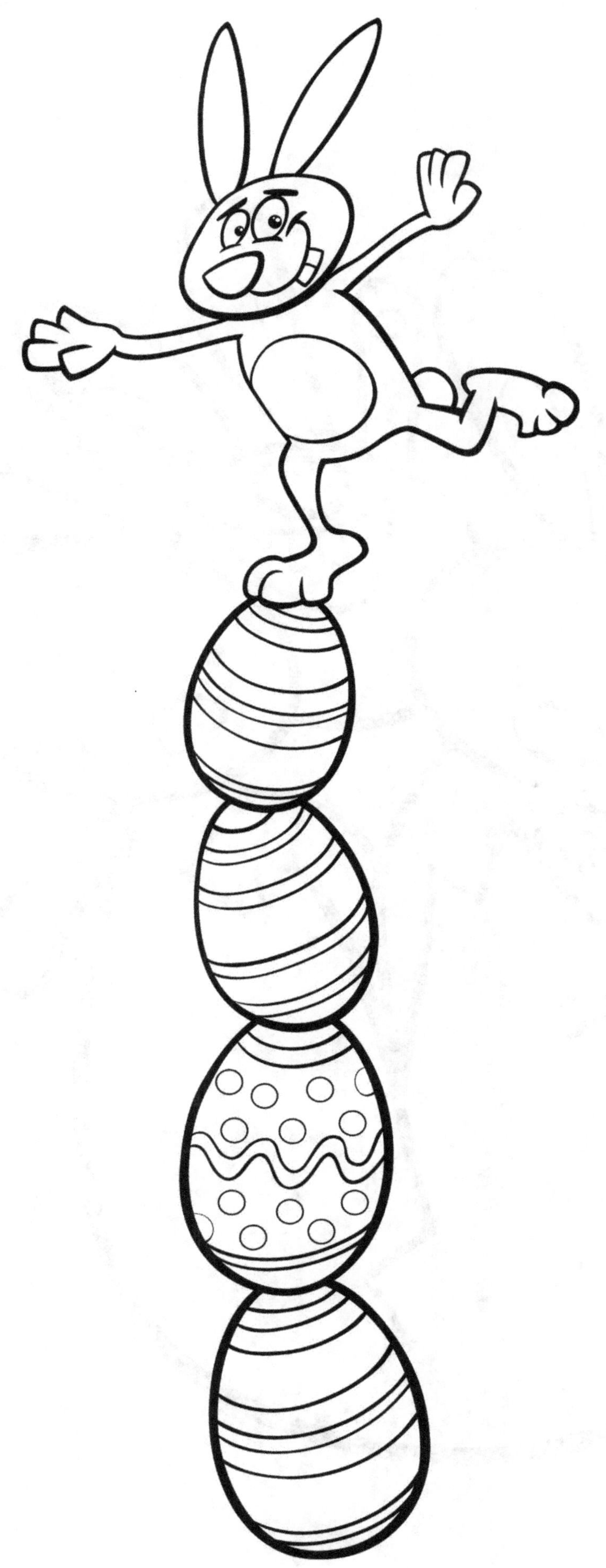

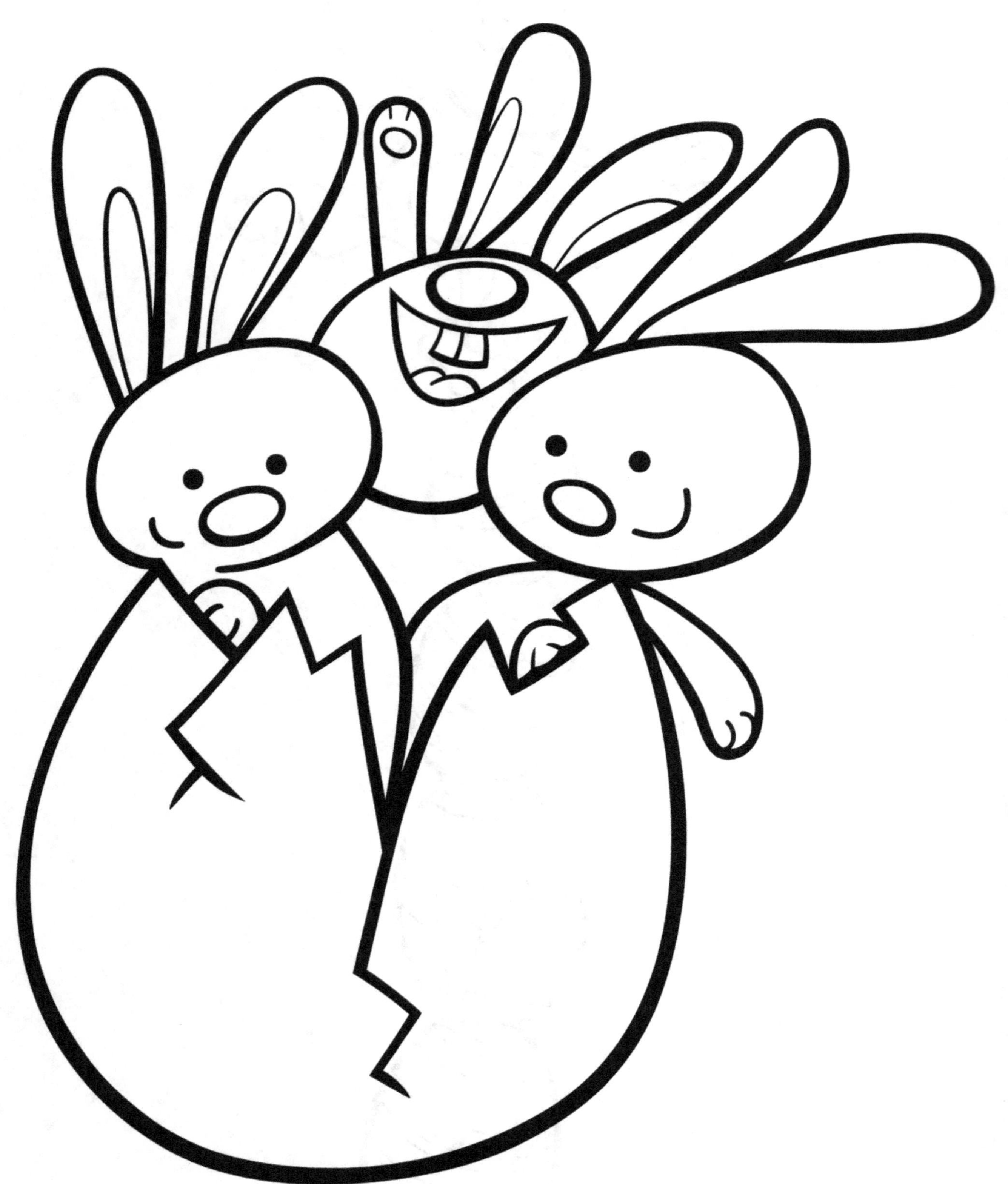

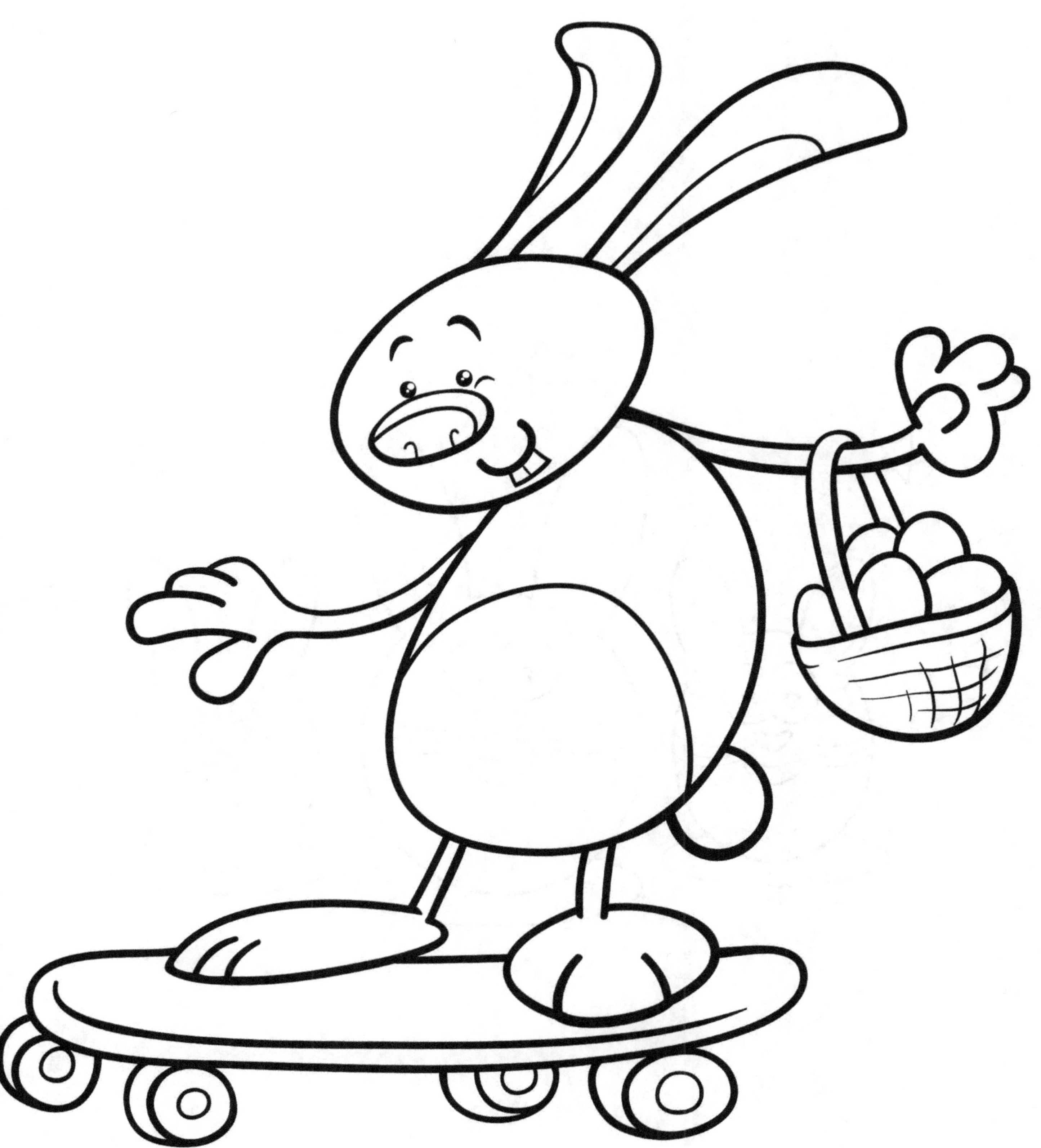

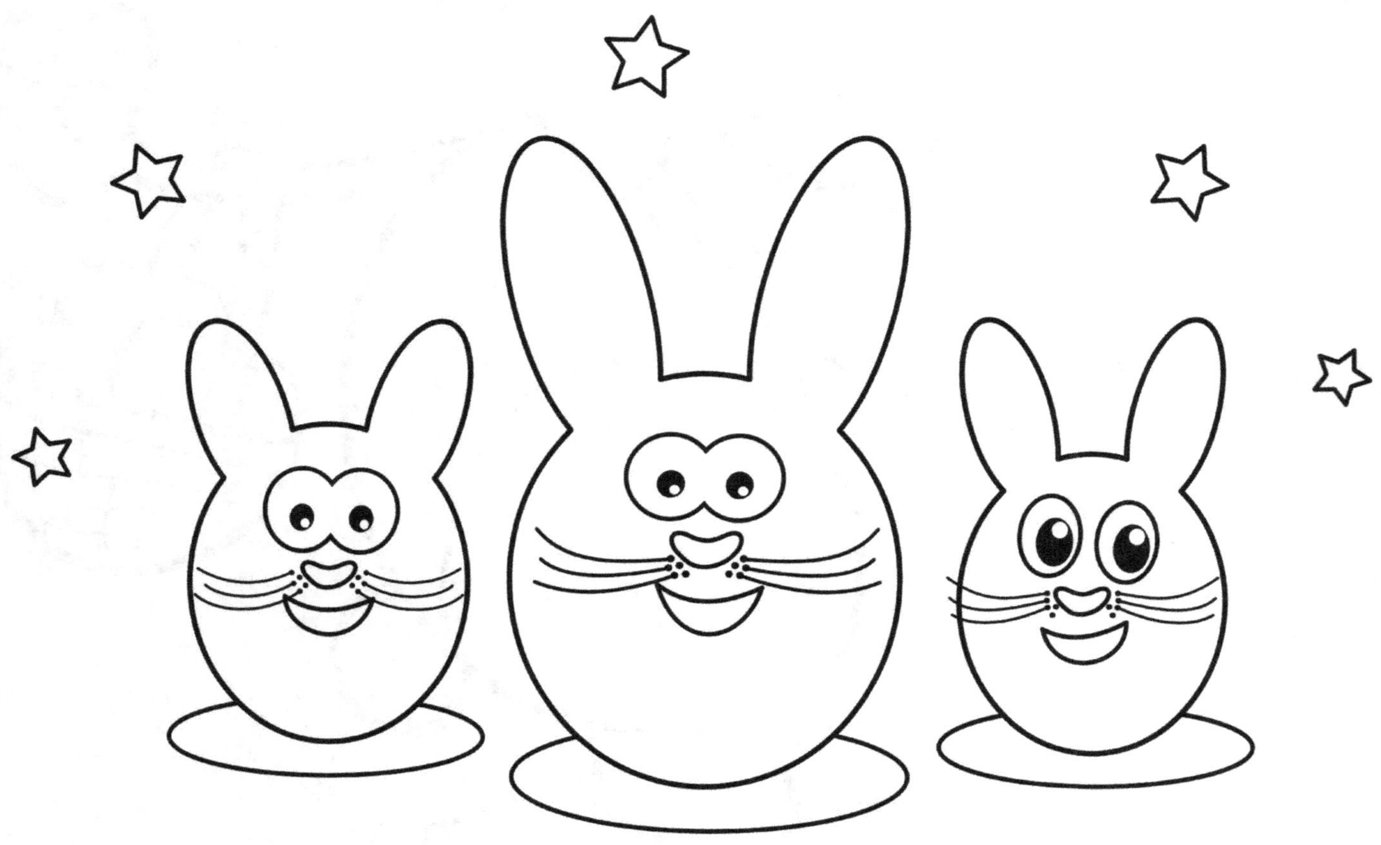

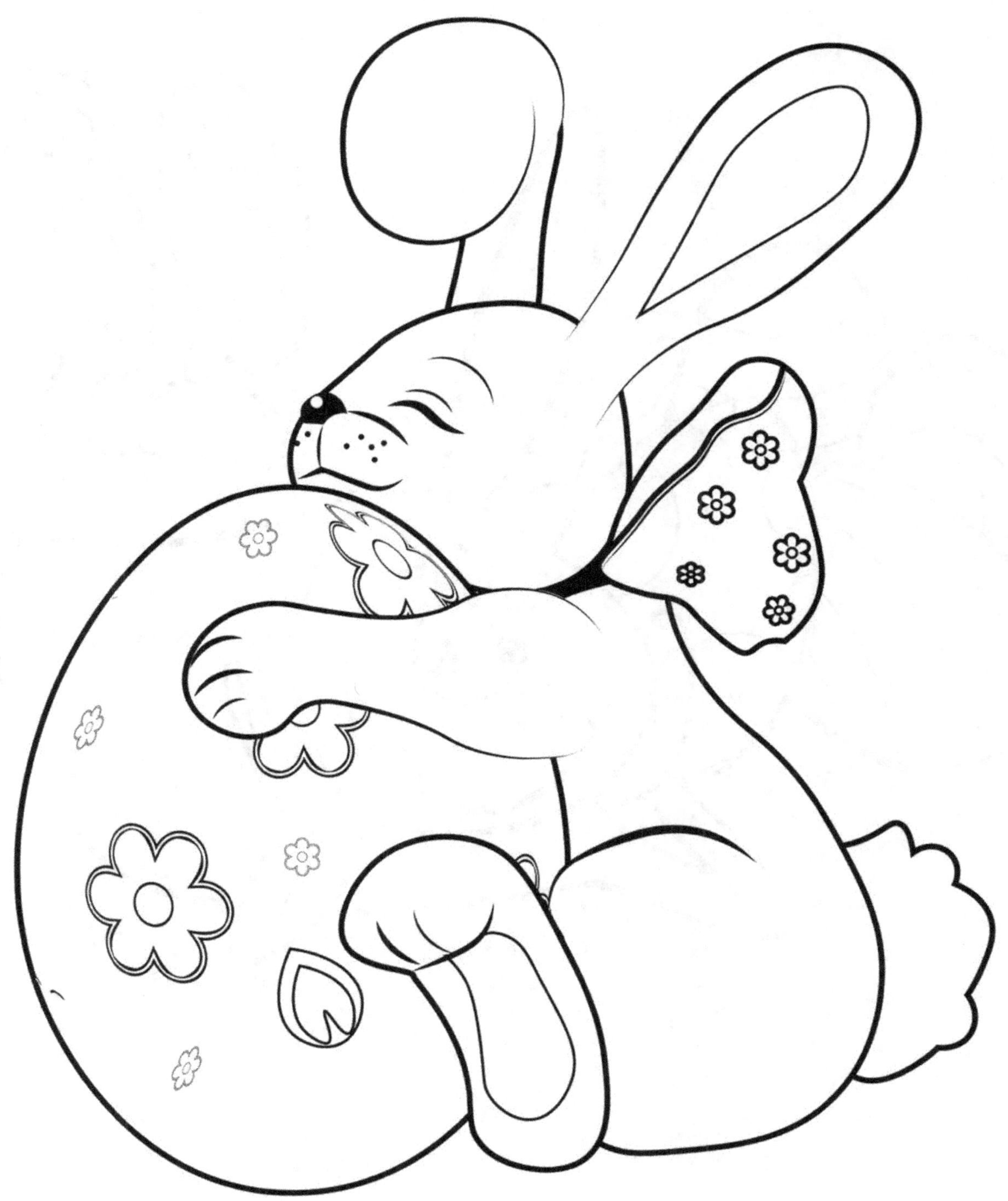

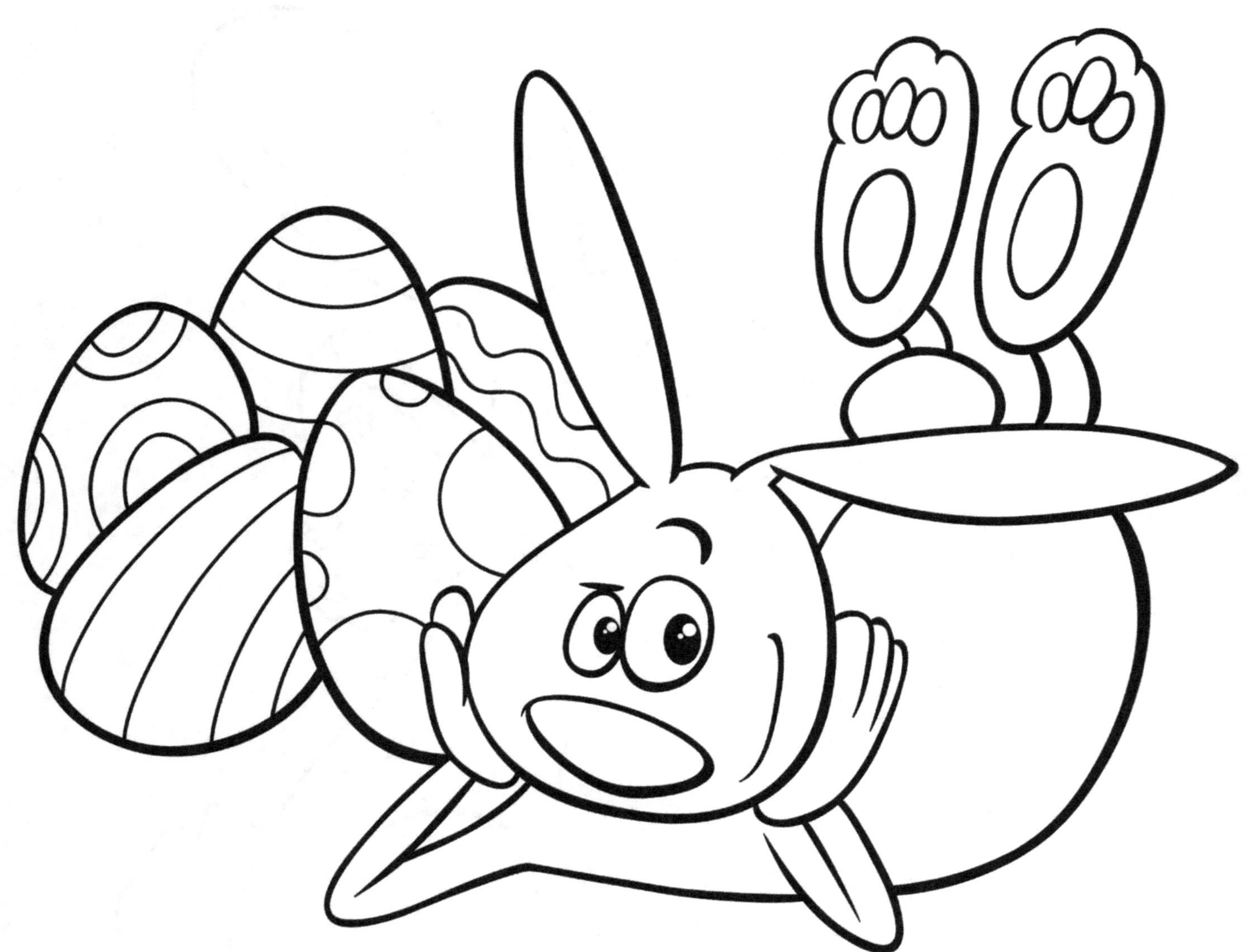

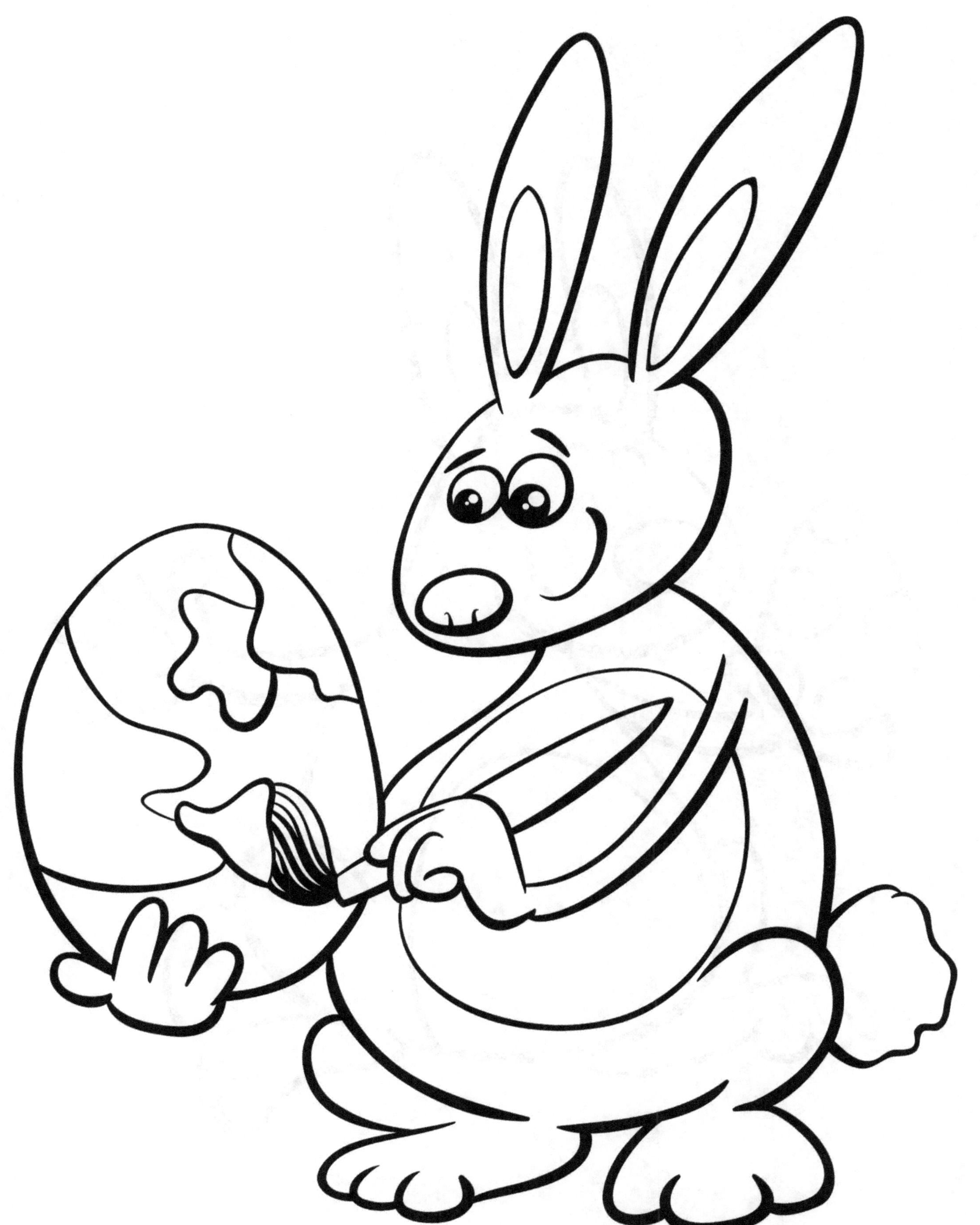

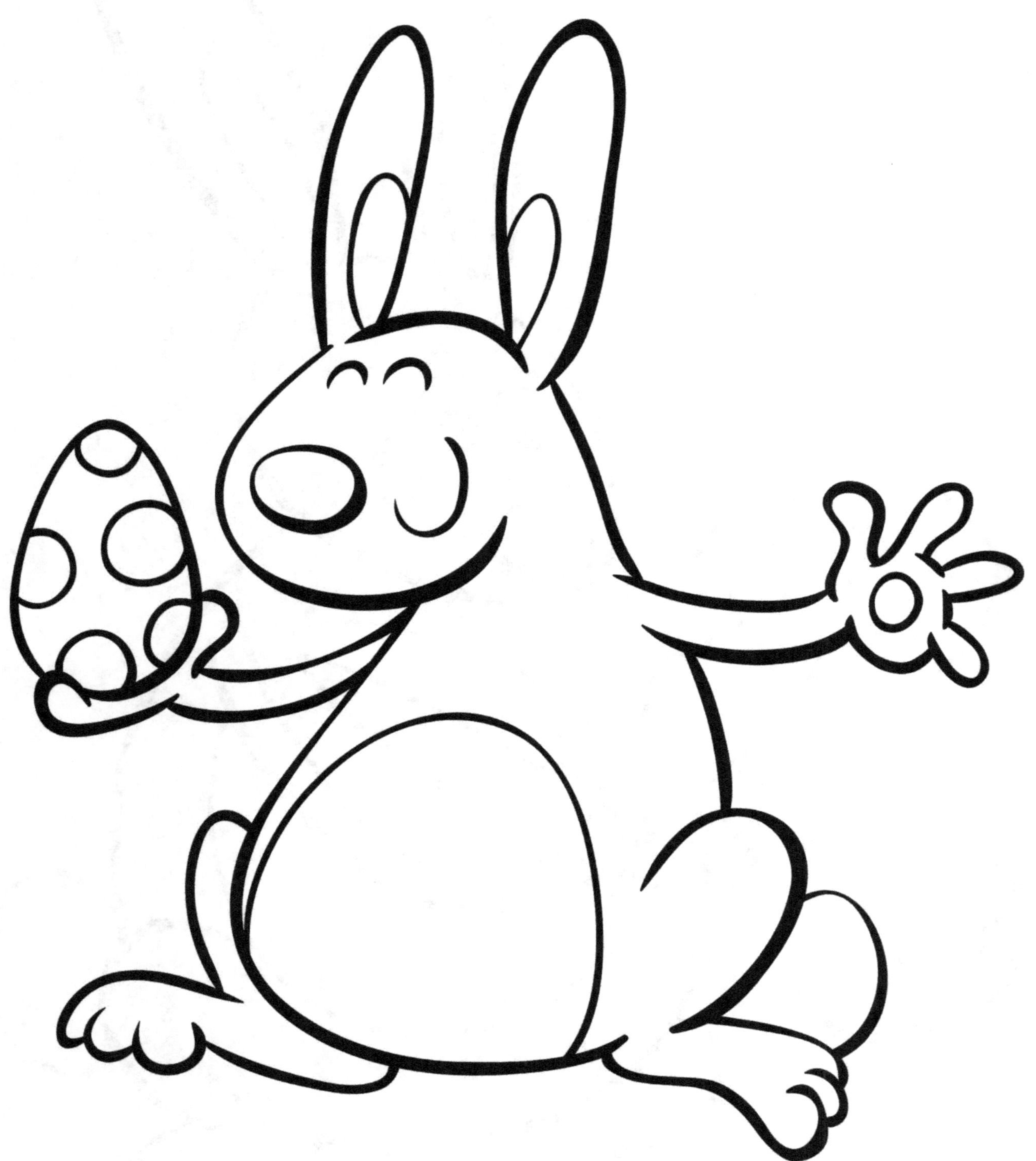

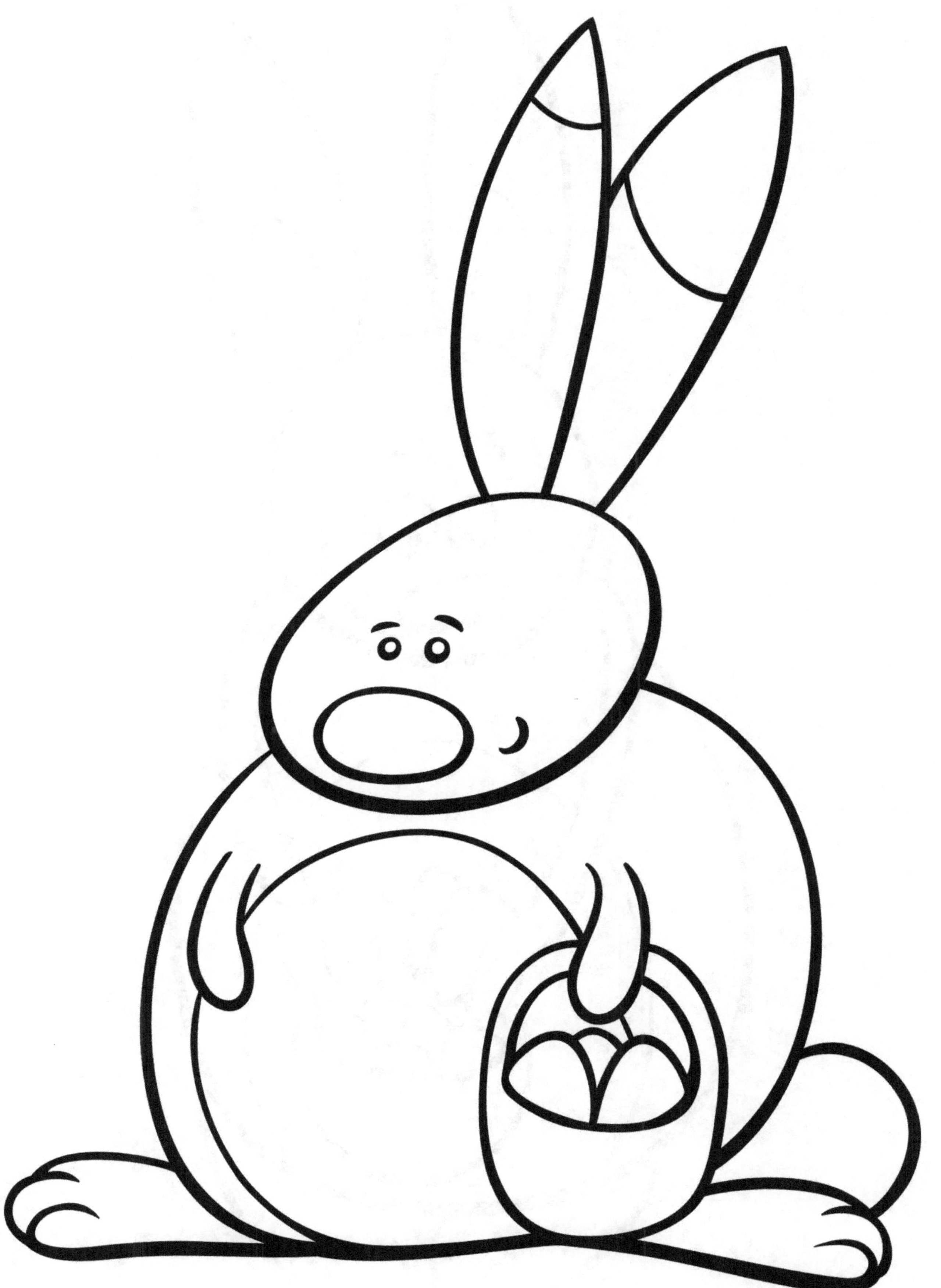

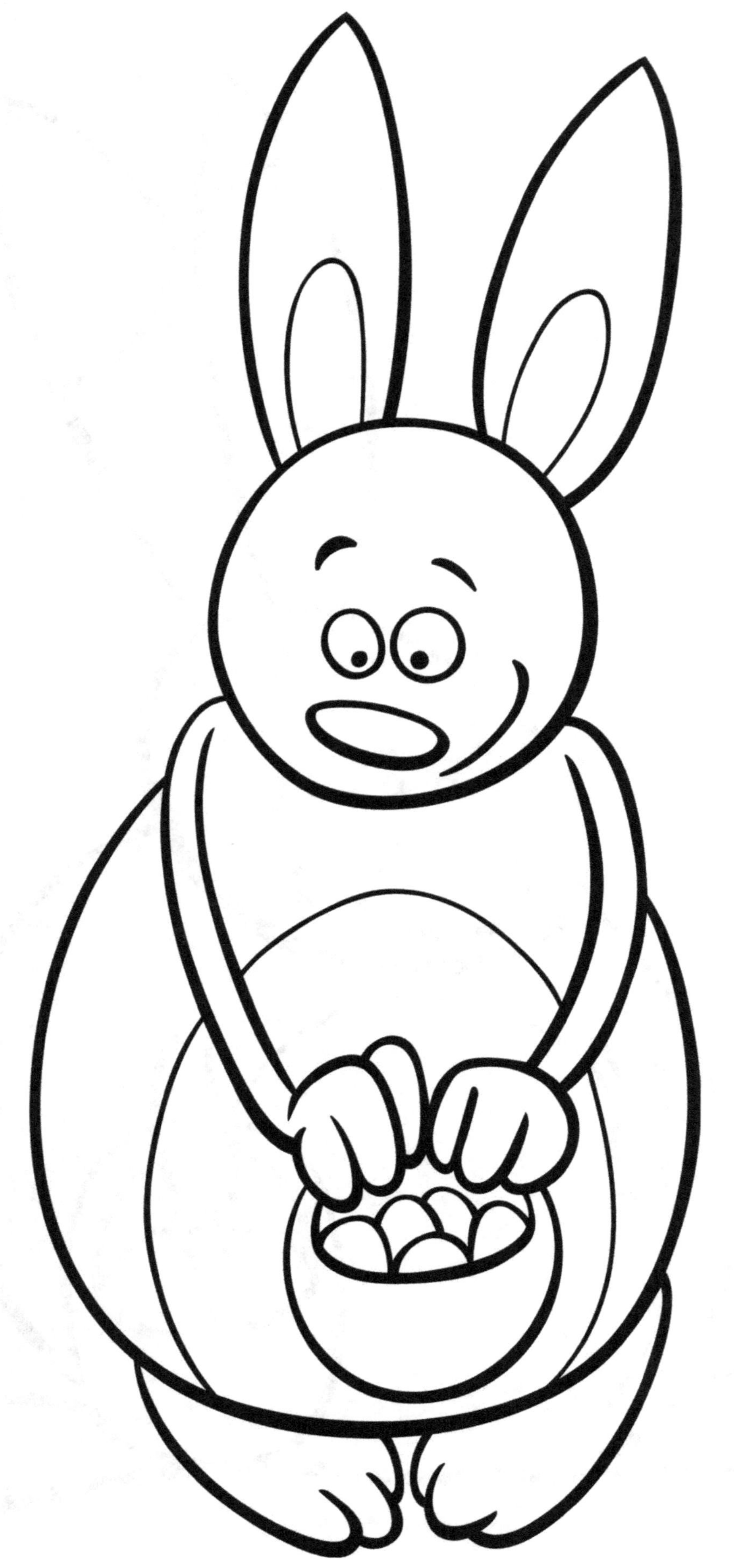

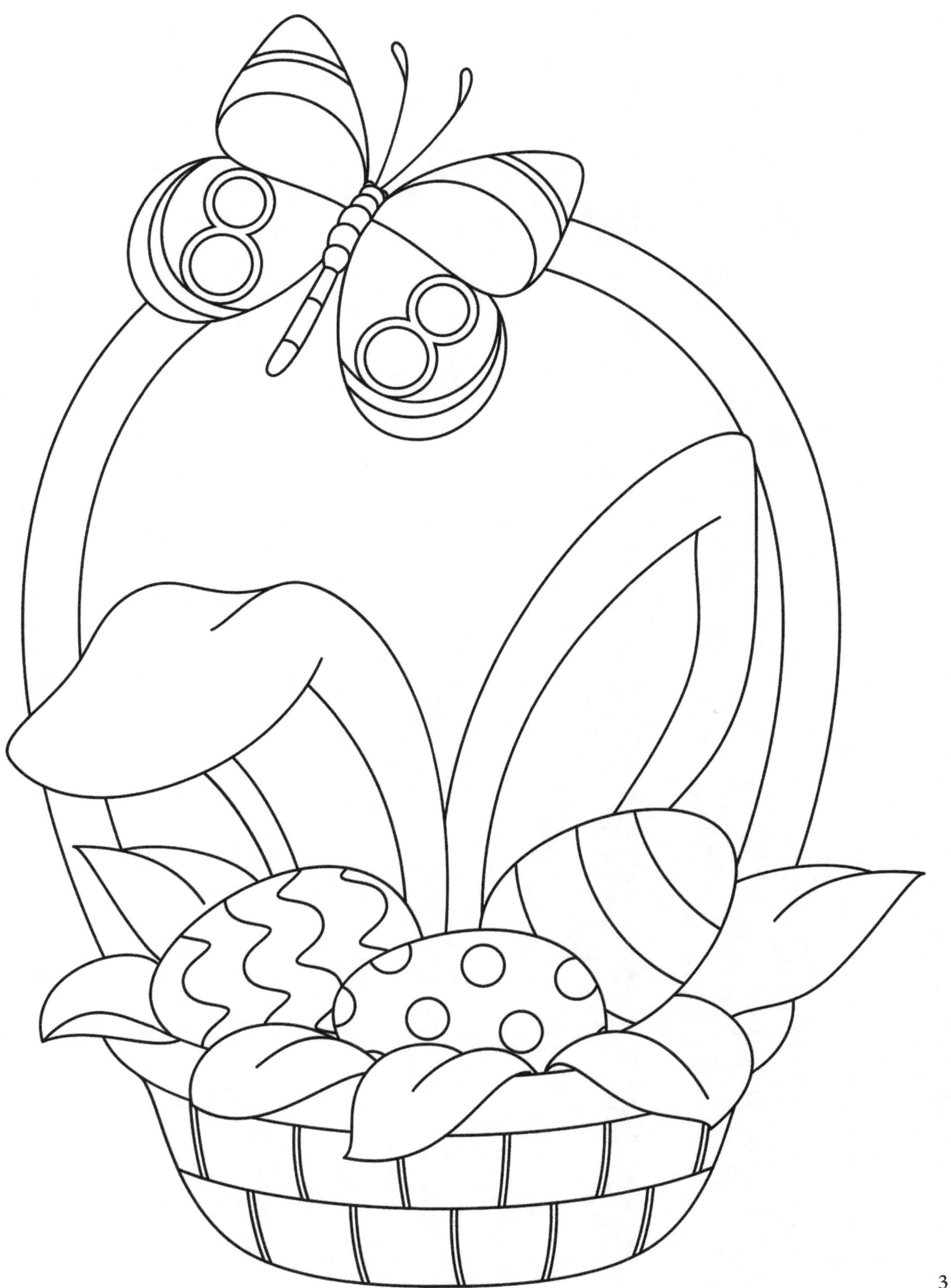